COMPLETO
EN CRISTO

POR

JOHN MACARTHUR

ESCANEE ESTE CÓDIGO CON SU SMARTPHONE
U OTRO DISPOSITIVO PARA ESCUCHAR
EL AUDIO DEL SERMÓN.

Completo en Cristo
Título en inglés: *Complete in Christ* © 2022 por John MacArthur. Publicado por Grace to You. Traducido con permiso.

ISBN: 978-1-955292-13-9

Impreso en los Estados Unidos de América

Valencia, California

CONTENIDO

EL MINISTERIO DE PABLO: CUMPLIENDO LA PALABRA DE DIOS

INTRODUCCIÓN

A. Las circunstancias de la carta a los colosenses

El libro de Colosenses, con solo cuatro capítulos, no es un libro extenso. Colosas tampoco era una ciudad de tremenda importancia, aunque era algo notable como parte de una tríada de ciudades, incluidas Laodicea e Hierápolis, en un pequeño valle donde el río Lico se bifurca del río Menderes en la actual Turquía. La pequeña iglesia en Colosas había sido fundada e inicialmente pastoreada por un hombre llamado Epafras, pero Pablo les escribió porque estaban pasando por algunos problemas grandes. Estaban siendo confrontados por hombres que enseñaban falsa doctrina acerca de la persona del Señor Jesucristo. Así que el apóstol Pablo les escribió esta carta para cimentarlos y mantenerlos en lo que es verdad.

B. La consideración del ministerio de Pablo

Note que Colosenses 1:23 termina con la palabra "ministro". Este término desencadena los pensamientos de Pablo para la siguiente sección (vv. 24–29), donde describe su ministerio. Él dice: "Fui hecho ministro" y luego describe la naturaleza de ese ministerio: proclamar al Señor Jesucristo.

Con frecuencia en sus cartas, Pablo se detiene para tratar el estilo, el tipo y el enfoque de su ministerio. Él hace esto por muchas razones, incluyendo:

1. Para establecer su autoridad

   Pablo a menudo tuvo que defender su derecho a hablar de parte de Dios. Cada vez que decía: "Soy un apóstol", él estaba diciendo: "Soy un enviado de Dios". Al final de Colosenses 1:23 dice: "Yo, Pablo, fui hecho ministro". Él no escogió convertirse en ministro; Dios lo hizo ministro. Ese hecho le dio credibilidad y poder para hablar a los colosenses. Por lo tanto, cuando Pablo se refería a su ministerio, él estaba defendiendo su derecho a hablar de parte de Dios: para establecer su autoridad.

2. Para expresar su asombro

 Pablo siempre estaba asombrado de que Dios lo llamara al ministerio. Él reitera continuamente la verdad de su ministerio porque fue más que tan solo una defensa de sus derechos como apóstol; también era algo que lo emocionaba.

Pablo quería que las personas lo oyeran como el vocero de Dios: no como un maestro autodenominado, autodesignado y sin credenciales como muchos en el mundo. Por lo que repetidamente acreditó su ministerio.

Colosenses 1:24–29 es simplemente una mirada detallada al ministerio de Pablo. En estos versículos, Pablo presenta ocho aspectos diferentes que deberían caracterizar la vida de un siervo de Dios: es decir, cualquiera que sirve al Señor Jesucristo, ya sea enseñando, predicando o ministrando en cualquier otra capacidad en Cristo.

LECCIÓN

I. LA FUENTE DEL MINISTERIO (COL. 1:23*b*–25*a*)

Conforme Pablo ve su ministerio, lo primero de lo que habla es de su fuente. Eso es evidente en los versículos 23 y 25, donde Pablo dice: "Yo Pablo fui hecho ministro". La palabra ministro no indica algo sofisticado o elevado; es la palabra griega *diakonos*, la cual significa "siervo".

¿Cómo Pablo fue hecho un ministro, un siervo para la iglesia?

A. El llamado de Dios

1. Hechos 26:13–17

   Al contarle su testimonio personal al rey Agripa, Pablo dice: "A mediodía, oh rey, yendo por el camino, vi una luz del cielo que sobrepasaba el resplandor del sol, la cual me rodeó a mí y a los que iban conmigo. Y habiendo caído todos nosotros en tierra, oí una voz que me hablaba, y decía en lengua hebrea: Saulo, Saulo, ¿por qué me persigues? Dura cosa te es dar coces contra el aguijón". En esa época, aguijones puntiagudos (o espinas) eran colocados en los tobillos de un buey y de esta manera, si el buey pateaba, los aguijones le causaban mucho dolor. Esto enseñaba al buey a no patear. Entonces el Señor le estaba diciendo a Pablo: "Es difícil para ti pelear contra Mí, resistirme, patear contra Mí".

   Avanzando en el versículo 15, Pablo dice: "Yo entonces dije: ¿Quién eres, Señor? Y el Señor dijo: Yo soy Jesús, a quien tú persigues. Pero levántate, y ponte sobre tus pies; porque para esto he aparecido a ti, para ponerte por ministro y testigo de las cosas que has visto, y de aquellas en que me apareceré a ti, librándote de tu pueblo, y de los gentiles, a quienes ahora te envío". Esa es una afirmación fuerte, ¿no es cierto? El Señor dijo: "Pablo, Yo te he escogido para que vayas a los gentiles. A partir de ahora eres *hecho* un ministro".

El Señor hace ministros. Sus ministros son aquellos a quienes Él ha llamado. Él hizo esto a lo largo del Antiguo Testamento. Lea las historias de los profetas —no hubo ningún profeta autonombrado ni autoproclamado—. Todos fueron llamados por Dios.

2. Romanos 15:15–16

A lo largo de sus escritos, Pablo explica claramente que él fue puesto en el ministerio por Dios. En Romanos 15 él dice: "Mas os he escrito, hermanos, en parte con atrevimiento, como para haceros recordar, por la gracia que de Dios me es dada para ser ministro de Jesucristo a los gentiles". En otras palabras: "La razón por la que me atrevo a escribirles a ustedes los gentiles, es porque el Señor me ha hecho un siervo para ustedes. Solo estoy cumpliendo mi ministerio y haciendo aquello para lo que Dios me ha llamado".

3. 2 Corintios 3:4–6

   Nuevamente leemos: "Y tal confianza tenemos mediante Cristo para con Dios; no que seamos competentes por nosotros mismos para pensar algo como de nosotros mismos, sino que nuestra competencia proviene de Dios, el cual asimismo nos hizo ministros competentes". Pablo dice: "Tengo confianza y certeza porque mi suficiencia viene de Dios. Dios me ha llamado a este ministerio, entonces Él me ha equipado para hacerlo". Usted no escoge su propio ministerio: Dios lo escoge. Entonces, usted obedece o Le desobedece.

4. 1 Timoteo 1:12

   En 1 Timoteo 1:12 Pablo dice: "Doy gracias al que me fortaleció, a Cristo Jesús nuestro Señor, porque me tuvo por fiel, poniéndome en el ministerio". Pablo dice: "Estoy aquí porque Él me puso aquí".

5. 1 Timoteo 2:5–7

   En 1 Timoteo 2 Pablo dice: "Hay un solo Dios, y un solo mediador entre Dios y los hombres, Jesucristo hombre, el cual se dio a sí mismo en rescate por todos, de lo cual se dio testimonio a su debido tiempo. Para estoy yo fui constituido predicador y apóstol… maestro de los gentiles". Su ministerio fue ordenado por Dios, no fue algo escogido caprichosamente.

6. 2 Timoteo 1:11

   Pablo dice: "Fui constituido predicador, apóstol y maestro".

¿Quién, entonces, hizo a Pablo un ministro? Dios. ¿Quién, entonces, es la fuente del ministerio? Dios. ¿Quién le dio a usted los dones que ha recibido para operar dentro del cuerpo de Cristo? Primera de Corintios 12:11 dice que el Espíritu Santo da "a cada uno en particular como él quiere". El Espíritu de Dios se manifiesta a Sí mismo en los dones del Espíritu para que podamos ministrar. Es Dios quien nos llama y nos pone en el ministerio; no es algo que escogemos por nosotros mismos.

B. El compromiso con Dios

1. La administración de Pablo

   En Colosenses 1:25 Pablo dice: "Fui hecho ministro, según la administración de Dios que me fue dada para con vosotros, para que anuncie cumplidamente la palabra de Dios". La palabra "administración" en griego es *oikonomia* (*nomos* significa "ley" o "regla"; *oikos* significa "casa") y se refiere a "ser un administrador de las posesiones de alguien más". Un administrador no era dueño de nada, simplemente administraba algo para alguien más. En aquellos días, el dueño de una casa con un patrimonio grande tenía un mayordomo que administraba toda su casa y supervisaba todo —empleo, salarios, suministros— y se aseguraba de que todo funcionara. Era una gran responsabilidad.

Dios es dueño de la iglesia; es Su casa. Entonces cuando Pablo dice que fue hecho ministro de la iglesia "según la administración de Dios que me fue dada", él está diciendo: "Dios me estableció para liderar en Su iglesia en Su nombre". Las palabras en este versículo también sugieren que Dios le dio un gran patrimonio para administrar. Fue una responsabilidad dada por Dios, una tarea divina. Pablo dice: "Es el plan de Dios, la iglesia de Dios, el evangelio de Dios, el Cristo de Dios, el mensaje de Dios, la verdad de Dios y la Palabra de Dios. Y Dios quiere que lo administre para Él. Estoy en el ministerio porque Dios me ha puesto aquí. Soy un administrador".

a. 1 Corintios 4:2—"Se requiere de los administradores, que cada uno sea hallado fiel". Pablo dice: "Dios me ha dado una tarea, una responsabilidad divina. Estoy obligado a cumplirla. Dios es la fuente de mi ministerio".

b. 1 Corintios 9:16–17—"Si anuncio el evangelio, no tengo por qué gloriarme; porque me es impuesta necesidad; y ¡ay de mí si no anunciare el evangelio! Por lo cual, si lo hago de buena voluntad, recompensa tendré; pero si de mala voluntad, la comisión me ha sido encomendada". Pablo dice: "No digan: 'Oh Pablo, eres un ministro. Qué persona tan abnegada y maravillosa eres'". A eso, él simplemente respondería: "Yo iba por el camino a Damasco con mis propios planes cuando fui arrojado a esto. Es una responsabilidad que me fue encomendada, yo no pedí esto. Pero si no cumplo lo que he sido llamado a hacer, tendré muchos problemas. Entonces no me den el crédito. No me den palmadas en la espalda, ¡oren por mí!".

c. Gálatas 2:7—Pablo dice: "Antes por el contrario, como vieron que me había sido encomendado el evangelio de la incircuncisión". El evangelio a los gentiles fue encomendado a Pablo. Él no tuvo voz en el asunto; le fue impuesto por Cristo.

d. Efesios 3:1–3, 7—"Yo Pablo, prisionero de Cristo Jesús por vosotros los gentiles; si es que habéis oído de la administración de la gracia de Dios que me fue dada para con vosotros; que por revelación me fue declarado el misterio... del cual yo fui hecho ministro por el don de la gracia de Dios que me ha sido dado". Pablo está diciendo: "Dios me ha llamado y me ha hecho un prisionero de Cristo. Estoy encadenado a Cristo; no me puedo escapar. Tengo esta responsabilidad tremenda de difundir los misterios que Dios me ha dado: las verdades de la Palabra de Dios". Pablo fue *hecho* un ministro.

2. Administración cristiana

De la misma manera, Dios nos ha dado a cada uno de nosotros una responsabilidad tremenda. No importa quién sea usted, el Espíritu de Dios le ha dado a todo creyente ciertos dones y lo ha llamado a usted a ministrar esos dones al cuerpo de Cristo. Es una responsabilidad seria. Cuando usted posee un don del Espíritu, usted posee algo que le pertenece a Dios. Y como administrador, usted debe usar ese don para el beneficio de aquellos que lo necesitan.

a. 1 Pedro 4:10–11—"Cada uno según el don que ha recibido, minístrelo a los otros, como buenos administradores de la multiforme gracia de Dios" (v. 10). Todo cristiano ha recibido un don espiritual, entonces todo cristiano debe estar ministrando. Como administrador usted tiene ese don, pero no es suyo. Usted debe usarlo y administrarlo para la gloria de Dios. Según el versículo 11, si usted tiene un don de habla, debe hablar "conforme a las palabras de Dios". Si usted tiene un don de servicio, usted debe servir "conforme al poder que Dios da". ¿Para qué? Para "que en todo sea Dios glorificado". La fuente de todo ministerio es Dios. Nosotros no lo escogemos. Examine su propio corazón y vida para ver lo que Dios le ha llamado a hacer. Comience a servir en su iglesia local para ver cuáles son sus dones espirituales.

b. 1 Corintios 12:4–6—"Ahora bien, hay diversidad de dones, pero el Espíritu es el mismo. Y hay diversidad de ministerios, pero el Señor es el mismo. Y hay diversidad de operaciones, pero Dios, que hace todas las cosas en todos, es el mismo". Dios dota a cada cristiano de manera diferente, pero Él es la fuente de todo nuestro llamado y dones, así que debemos usarlos como buenos administradores para Él.

Cuando usted finalmente esté frente a Jesucristo, el registro de su administración se basará en lo que hizo con los dones que le fueron dados. ¿Será usted como el siervo que enterró lo que le fue dado o como el siervo que usó buenos principios de administración y multiplicó lo que le fue dado (Mt. 25:14–25)?

Sea cual sea el ministerio, Dios es quien nos llama, nos equipa y nos asigna. Quizás no será tan dramático como la experiencia de Pablo en el camino a Damasco, pero el llamado de Dios para su vida tiene la misma autoridad.

Por lo tanto, la fuente de todo ministerio legítimo es Dios, quien hace a Sus propios ministros.

II. EL ESPÍRITU DEL MINISTERIO (COL. 1:24*a*)

Conforme servimos al Señor Jesucristo reconociendo que Dios nos ha llamado, ¿qué tipo de actitud debemos tener? ¿Qué espíritu debemos tener? Pablo responde a estas preguntas en las primeras tres palabras del versículo 24: "Ahora me gozo". ¿Cuál es el espíritu del ministerio? Gozo. Cualquiera que sea el ministerio que le fue dado a usted debe disfrutarlo.

A. La actitud de gozo

1. Su ausencia

Es una triste realidad que muchos cristianos que están ministrando no tienen la actitud correcta. Simplemente no hay suficientes cristianos gozosos y felices. Hay muchas personas a las que Dios les ha dado una responsabilidad tremenda, pero que la llevan a cabo de mala gana. No tienen la actitud correcta. Son como Jonás quien, incluso cuando su ministerio fue muy fructífero, estaba dudando, enojado, reacio, amargado y resentido. Dice usted: "Tengo dificultades en mi ministerio. Es difícil tener gozo". Lea estas palabras: "Corramos con paciencia la carrera que tenemos por delante, puestos los ojos en Jesús, el autor y consumador de la fe, el cual por el gozo puesto delante de él sufrió la cruz, menospreciando el oprobio, y se sentó a la diestra del trono de Dios" (He. 12:1–2). ¿Por qué Cristo soportó la cruz? "Por el gozo puesto delante de él". El versículo 4 dice: "Aún no habéis resistido hasta la sangre, combatiendo contra el pecado". Usted no ha muerto en su servicio, ¿verdad? Bajo una carga ministerial mucho mayor, Jesús nunca perdió el gozo.

Con frecuencia hablo con alguien, incluso otro pastor, que dice: "He perdido el gozo del ministerio". Eso no significa que tienen malas circunstancias; significa que tienen mala comunión. Un cristiano no pierde su gozo a menos que pierda la comunión con el Señor. ¡Debe haber gozo en el ministerio!

2. Su constancia

Es fácil desanimarse por las circunstancias. Le pasó a Pablo. Refiriéndose a Israel, Pablo dijo: "Tengo gran tristeza y continuo dolor en mi corazón" (Ro. 9:2). Pero él nunca perdió el elemento del gozo como el espíritu de su ministerio; él se regocijó adondequiera que fue. Por ejemplo:

a. Filipenses 4:4—¿Se da cuenta de que cuando Pablo escribió Filipenses, él se estaba regocijando aunque estaba bajo arresto? Sin embargo, fue en esa condición que Pablo escribió: "Regocijaos en el Señor siempre. Otra vez digo: ¡Regocijaos!". Uno podría decir: "¡Este tipo estaba loco! ¿Por qué estaba tan feliz?". Una cosa es cierta: no tenía nada que ver con sus circunstancias. Él tenía una relación con el Dios viviente que trascendía todas las circunstancias.

¿HA PERDIDO USTED SU GOZO?

El gozo es la confianza profunda de que Dios está en control de su vida. Eso no cambia. Cuando encuentro a un cristiano que ha perdido su gozo, no quiero hablar de sus circunstancias, quiero hablar de su relación con el Señor. ¿Por qué? Porque el gozo es generado a partir de un reconocimiento de lo que Cristo ha hecho en la vida de una persona. La humildad también genera gozo; por ejemplo, el pensamiento de morir por Jesucristo siempre le dio a Pablo gran gozo. ¿Por qué? Porque él no pensó que era digno ni siquiera de eso. Usted pierde su gozo cuando comienza a pensar que es demasiado bueno para estar sufriendo o enfrentando adversidades. Pero esa es la perspectiva equivocada. Una actitud de humildad produce gozo.

---

b. Colosenses 2:5—Pablo estaba encarcelado, encadenado a un soldado romano cuando escribió: "Aunque estoy ausente en cuerpo, no obstante en espíritu estoy con vosotros, gozándome y mirando vuestro buen orden y la firmeza de vuestra fe en Cristo". Pablo no se dejó intimidar por sus circunstancias porque su gozo siempre estuvo basado en su relación inquebrantable con Cristo.

c. 1 Tesalonicenses 2:19–20—Pablo escribe a los tesalonicenses: "¿Cuál es nuestra esperanza, o gozo, o corona de que me gloríe? ¿No lo sois vosotros, delante de nuestro Señor Jesucristo en su venida? Vosotros sois nuestra gloria y gozo". Pablo se regocijó por Dios y por el resto de las personas. Lo que le sucediera a él no importaba. Él aquí dice: "No me importa lo que enfrente. Cuando veo que ustedes conocen al Señor Jesucristo y que van a estar ahí en la Segunda Venida, estoy tan feliz, que no me importa lo que pase conmigo".

d. Filemón 7—Cuando Pablo escribió la pequeña carta de Filemón, él era otra vez un prisionero. De hecho, él siempre habló del gozo cuando estaba en la cárcel. En el versículo 7 él escribe: "Pues tenemos gran gozo y consolación en tu amor, porque por ti, oh hermano, han sido confortados los corazones de los santos". En otras palabras: "Cuando oigo de ti, Filemón, estoy tan feliz por lo que haces". Pablo siempre tuvo gozo en su relación con el Señor y en sus relaciones con las personas. No importaba lo que le sucediera; él podía vivir en gozo total y absolutamente desinteresado.

Aquellos que están en el ministerio que han perdido su gozo están pensando de manera egoísta que merecen más de lo que tienen, cuando la realidad es que ni siquiera merecen lo que tienen. Pablo pudo mantener su gozo porque cualquier cosa que viniera a él, incluso sufrimiento, era más de lo que él pensaba que era digno de recibir. Además, una vez que el gozo se va, usted está en terreno peligroso porque todo lo que intenta hacer probablemente lo haga a partir del legalismo y de esta manera tendrá poco efecto.

B. Ladrones de gozo

1. Circunstancias

2. Personas

3. Posesiones

4. Preocupación

C. Guardianes de gozo

1. Humildad

2. Devoción a Cristo

3. Confianza en Dios

III. EL SUFRIMIENTO DEL MINISTERIO (COL. 1:24*b*)

Junto con la fuente del ministerio y el espíritu del ministerio, Pablo habló del sufrimiento del ministerio. Colosenses 1:24 dice: "Ahora me gozo en lo que padezco por vosotros, y cumplo en mi carne lo que falta de las aflicciones de Cristo por su cuerpo, que es la iglesia".

A. Malentendiendo el sufrimiento

Este versículo ha sido muy malinterpretado. Algunos lo interpretan como si dijera que la muerte de Cristo en la cruz no finalizó todo Su sufrimiento, por lo tanto, debemos continuar sufriendo para expiar el pecado. Eso no puede ser lo que Pablo está diciendo, él no contradeciría su afirmación anterior dicha en el capítulo de que Cristo: "Mediante la sangre de su cruz... os ha reconciliado en su cuerpo de carne, por medio de la muerte, para presentaros santos y sin mancha e irreprensibles delante de él" (Col. 1:20–22). En Colosas, Pablo estaba combatiendo la herejía de que el ascetismo y las obras humanas eran necesarias para complementar la vida y muerte de Cristo; él ciertamente no diría que tenemos que sufrir para añadir a la obra expiatoria de Cristo. De hecho, la palabra traducida aquí como "aflicciones" (gr. *thlipsis*) nunca es usada para describir el sufrimiento expiatorio de Cristo. Entonces, ¿qué está diciendo él? Veámoslo.

B. La mentalidad en el sufrimiento

En el versículo 24 cuando Pablo dice: "Me gozo en lo que padezco por vosotros", él se estaba refiriendo directamente a su encarcelamiento. A partir del capítulo 4 (vv. 10, 18) podemos afirmar sin lugar a dudas que Pablo era un prisionero en este tiempo.

1. La perspectiva del encarcelamiento de Pablo

Aunque Pablo estaba encarcelado en Roma, él nunca se vio a sí mismo como un prisionero *de* Roma, sino que se refirió constantemente a ser un prisionero de Jesucristo. Por ejemplo: "Pablo, prisionero de Jesucristo" (Flm. 1:1), "Pablo ya anciano, y ahora, además, prisionero de Jesucristo" (v. 9), como también: "Te saludan Epafras, mi compañero de prisiones por Cristo Jesús" (v. 23). Pablo no se vio a sí mismo como un prisionero de algún dominio o sistema humano; él era prisionero de Cristo.

2. El propósito del encarcelamiento de Pablo

¿Por qué se regocijó Pablo? Al final del versículo 24, Pablo dice que se regocijó en sus sufrimientos porque eran "por Su cuerpo, que es la iglesia". Pablo vio su encarcelamiento como sufrir por causa de ellos y por causa de Cristo.

"Porque a vosotros os es concedido a causa de Cristo, no sólo que creáis en él, sino también que padezcáis por él" (Fil. 1:29). Pablo le dice a los filipenses: "No solo es mi responsabilidad sufrir por causa de Cristo, también es la de ustedes. Todos nosotros debemos sufrir por causa de Él: sufrir debido a Él". La primera iglesia sufrió severamente debido a Cristo. Y la perspectiva de Pablo del sufrimiento era regocijarse.

C. Los méritos del sufrimiento

Pero ¿cómo podemos regocijarnos por el sufrimiento? Permítame darle cinco causas de gozo en la adversidad:

1. Nos acerca más a Cristo

Pablo quería estar lo más cerca posible a Cristo. Filipenses 3:10: "A fin de conocerle, y el poder de su resurrección, y la participación de sus padecimientos". Cuando el mundo nos difama y se burla de nuestro Cristo, ese sufrimiento nos ayuda a entender algo de lo que Jesús atravesó. En Juan 15, Jesús revela el hecho de que debido a que el mundo lo odió, también nos odiará a nosotros (v. 18) y debido a que el mundo lo persiguió, también nos perseguirá a nosotros (v. 20). Segunda de Timoteo 3:12: "Y también todos los que quieren vivir piadosamente en Cristo Jesús padecerán persecución". El sufrimiento nos ayuda a entender más acerca de Él. Hebreos 13:13 dice: "Salgamos, pues, a él, fuera del campamento, llevando su vituperio". Hay gozo en el sufrimiento porque nos acerca más a Cristo.

2. Nos trae certeza de salvación

Primera de Pedro 4:14 dice: "Si sois vituperados por el nombre de Cristo, sois bienaventurados, porque el glorioso Espíritu de Dios reposa sobre vosotros". Cuando usted sufre puede tener la tremenda confianza de que el Espíritu de Dios está con usted —eso es muy reconfortante—.

3. Nos trae recompensa futura

Se nos promete una recompensa por ser valientes y hablar la verdad por Cristo, sin importar las consecuencias. Romanos 8:17–18 dice: "Si es que padecemos juntamente con él, para que juntamente con él seamos glorificados. Pues tengo por cierto que las aflicciones del tiempo presente no son comparables con la gloria venidera que en nosotros ha de manifestarse". El sufrimiento de ahora será recompensado en ese día futuro que todos los creyentes esperan. Pablo dice en 2 Corintios 4:17: "Esta leve tribulación momentánea produce en nosotros un cada vez más excelente y eterno peso de gloria".

4. Resulta en la salvación de otros

Pablo dijo: "Y aunque sea derramado en libación sobre el sacrificio y servicio de vuestra fe, me gozo y regocijo con todos vosotros" (Fil. 2:17). En otras palabras: "Si ofrezco mi vida y ustedes vienen a la fe salvadora, eso es causa de gozo. Los resultados eternos valen el precio que pago ahora".

5. Frustra a Satanás

Nuestro gozo en medio del sufrimiento frustra terriblemente a Satanás. Cuando él trata de atacarnos con desaliento y en lugar de eso, produce buenos resultados, eso es una victoria sobre el reino de las tinieblas.

El sufrimiento trajo gozo al apóstol Pablo y también debería hacer lo mismo con cualquier cristiano, porque le identifica con Cristo y porque le asegura la presencia del Espíritu de Dios. Le asegura que pertenece a Dios. En tercer lugar, el sufrimiento produce gozo porque trae una recompensa eterna y resulta en la salvación de otros. Finalmente, frustra a Satanás y sus intenciones al reflejar la gloria de Cristo.

D. El motivo para el sufrimiento

El versículo 24 añade otra razón para el sufrimiento: "Cumplo en mi carne [la de Pablo] lo que falta de las aflicciones de Cristo". Pablo está diciendo: "Estoy recibiendo en mi cuerpo lo que es dirigido a Cristo".

1. Sufriendo por Cristo

Este versículo no significa que falte algo en la expiación. No significa que el valor de la muerte de Cristo se haya reducido de alguna manera. Significa que los enemigos de Cristo nunca quedaron satisfechos con todo lo que le hicieron a Él; tenían un odio insaciable. Querían añadir todavía más al sufrimiento de Jesús. Por eso, cuando Él ascendió al cielo, ¿a quién atacó el mundo? A la iglesia: azotándolos, quemándolos en la estaca, arrojándolos a los leones. No porque los odiaban individualmente, sino porque la iglesia representa a Cristo en la tierra. Entonces ellos persiguieron a las personas que estaban en Su lugar, eso es lo que significa cumplir "lo que falta de las aflicciones de Cristo". Pablo está diciendo: "El mundo no ha terminado de perseguir a Cristo. Pero debido a que Él no está aquí, lo que querían hacerle a Él, yo lo recibo. Y estar en lugar de Aquel que estuvo en mi lugar es motivo de gozo. Recibir los golpes destinados a Él, quien recibió los golpes destinados a mí, me hace feliz. Si Jesucristo pudo colgar de la cruz y llevar mi pecado y el castigo que merezco, yo puedo recibir unos cuantos golpes por causa de Él".

En Gálatas 6:17 Pablo dice: "Yo traigo en mi cuerpo las marcas [o "cicatrices"] del Señor Jesús". En otras palabras: "He recibido los golpes del mundo porque no pueden dárselos a Él".

2. Sufriendo por la iglesia

   Según el versículo 24, Pablo soportó su sufrimiento por la causa de la iglesia: ganar personas para Cristo y después, madurarlas en Cristo. Y él ciertamente pagó un precio.

   a. 2 Corintios 11:23–28—"En trabajos más abundante; en azotes sin número; en cárceles más; en peligros de muerte muchas veces. De los judíos cinco veces he recibido cuarenta azotes menos uno. Tres veces he sido azotado con varas; una vez apedreado; tres veces he padecido naufragio; una noche y un día he estado como náufrago en alta mar; en caminos muchas veces; en peligros de ríos, peligros de ladrones, peligros de los de mi nación, peligros de los gentiles, peligros en la ciudad, peligros en el desierto, peligros en el mar, peligros entre falsos hermanos; en trabajo y fatiga, en muchos desvelos, en hambre y sed, en muchos ayunos, en frío y en desnudez; y además de otras cosas, lo que sobre mí se agolpa cada día, la preocupación por todas las iglesias". Pablo hizo todo eso por causa de la iglesia. Y todo el tiempo en el que él ministró, trabajó para ganarse la vida, manteniéndose a sí mismo junto con los que viajaban con él (Hch. 20:34).

b. Hechos 20:22–24—Pablo dice: "Ahora, he aquí, ligado yo en espíritu, voy a Jerusalén, sin saber lo que allá me ha de acontecer; salvo que el Espíritu Santo por todas las ciudades me da testimonio, diciendo que me esperan prisiones y tribulaciones. Pero de ninguna cosa hago caso, ni estimo preciosa mi vida para mí mismo, con tal que acabe mi carrera con gozo y el ministerio que recibí del Señor Jesús, para dar testimonio del evangelio de la gracia de Dios".

c. 2 Timoteo 2:10—Pablo estaba dispuesto a sufrir cualquier cosa por causa de la iglesia. Él estaba dispuesto a edificar la iglesia a costa de lo que fuera, incluso de su propia vida. Y un día, un hacha cayó y separó su cabeza de su cuerpo. En 2 Timoteo 2:10 él dijo: "Por tanto, todo lo soporto por amor de los escogidos, para que ellos también obtengan la salvación que es en Cristo Jesús con gloria eterna". Él dice: "Voy a hacer lo que sea por traerle a las personas el evangelio salvador y ayudarles a crecer. Iré a donde tenga que ir o diré lo que tenga que decir". Al confrontar a los perdidos y al edificar el cuerpo, él sufrió.

d. Hechos 20:28—Pablo instruyó a los ancianos efesios: "Mirad por vosotros, y por todo el rebaño en que el Espíritu Santo os ha puesto por obispos, para apacentar la iglesia del Señor, la cual el ganó por su propia sangre". Pablo siempre pensó que, si el Señor derramaría Su propia sangre por la iglesia, él ciertamente podría hacer lo mismo.

La actitud de Pablo fue: "No solo soy un siervo del Señor, soy un siervo de la iglesia. También sufriré por ellos". En Hechos 20:31 encontramos que él lloró en su ministerio: "Por tres años, de noche y de día, no he cesado de amonestar con lágrimas a cada uno". Él sufrió tanto interna como externamente, no solo la persecución, sino también la ansiedad interna por la iglesia.

¿Quién es la fuente del ministerio? Dios. ¿Cuál es el espíritu del ministerio? Gozo. ¿Qué es el sufrimiento del ministerio? La disposición de salir y aceptar los golpes del mundo que son para Cristo, regocijándose porque usted es incluso considerado digno de recibirlos.

IV. EL ALCANCE DEL MINISTERIO (COL. 1:25*b*)

Pablo termina el versículo 25 con el cuarto aspecto del ministerio, el cual es el alcance: "Para que anuncie cumplidamente la palabra de Dios". Pablo está diciendo: "Solo quiero hacer lo que Él me ha llamado a hacer. Y me voy a regocijar en cualquier sufrimiento que enfrente porque es necesario para cumplir el alcance del ministerio". Pablo quería cumplir su ministerio y terminarlo con gozo. Y lo hizo. De hecho, el ministerio de ese hombre sigue tocando al mundo mediante las cartas que él escribió.

A. El significado de cumplir la Palabra

¿Cuál es el significado de la frase "para que anuncie cumplidamente la palabra de Dios"? Primordialmente se refiere a la Palabra de Dios dada directamente a Pablo que lo llamó al ministerio, y de manera secundaria se refiere a enseñar toda la Palabra de Dios a todas las personas a las que Dios llamó a Pablo a enseñar. Dios no necesariamente llamó a Pablo a enseñarle a todo el mundo, pero sí lo llamo a enseñar toda la Palabra a todas las personas que Dios le mandó.

Acercándose a su muerte, Pablo tuvo esto que decir acerca de su vida y ministerio: "Yo ya estoy para ser sacrificado, y el tiempo de mi partida está cercano.

He peleado la buena batalla, he acabado la carrera, he guardado la fe" (2 Ti. 4:6–7). ¿No le gustaría decir eso? ¿No le gustaría llegar al final de su vida y decir: "Dios, he terminado. Ya me puedo ir; he acabado la obra que Tú me diste"?.

¿Cómo lo hizo él? ¿Cómo cumplió Pablo esa obra? ¿Cómo puede un hombre llegar a terminar la obra que Dios le encomendó? ¿Cómo es eso posible?

B. El método de cumplir la Palabra

Pablo pudo terminar el trabajo que Dios le encomendó porque lo hizo su meta fija. Él dijo: "Solo quiero hacer una cosa: cumplir la Palabra de Dios. Solo quiero hacer lo que Él me llamó a hacer. Mi único deseo es cumplir mi ministerio y enseñar toda la Palabra de Dios a las personas que Él me ha llamado a alcanzar".

Algunos ministros (y muchos otros cristianos también) se entusiasman tanto en este punto que piensan que tienen que ganar personalmente al mundo entero para Cristo. Terminan viajando por todos lados, pero sus ministerios son superficiales —tan superficiales, que de hecho son ineficaces—.

1. La eficacia del esfuerzo de Pablo

Considere el ministerio de Pablo. ¿Sabía usted que el apóstol Pablo afectó al mundo —y todavía lo hace— pero solo hizo tres viajes misioneros? Y los tres fueron básicamente a los mismos lugares en un área diminuta alrededor del Mediterráneo.

Él también viajó a Roma solo como un prisionero y a costa del gobierno romano; eso fue lo más lejos que llegó a ir. Pero Pablo afectó al mundo entero. ¿Cómo? Lo hizo al colocar ciertos límites en su ministerio. Por ejemplo, en Romanos 15 él dice: "No osaría hablar sino de lo que Cristo ha hecho por medio de mí" (v. 18). Él se limitó a hablar solo de lo que Dios hizo en su vida. Además, en el versículo 20 él dice: "Me esforcé a predicar el evangelio, no donde Cristo ya hubiese sido nombrado". Otra limitante por el que él se rigió fue predicar el evangelio solo en lugares que todavía no habían sido alcanzados.

2. La eficacia del esfuerzo de Jesús

Considere el ministerio de Jesús. ¿Se da cuenta de que Jesús nunca dejó la región de Israel? Él básicamente viajaba de Galilea a Jerusalén. Eso era todo. ¿Cómo podía Él alcanzar el mundo si nunca se fue de donde estuvo?

Jesús usó una economía de esfuerzo: Él sabía cómo hacer lo que quería hacer y lo hizo dentro de ciertas limitaciones. ¿Por qué Jesús limitó Su ministerio? Porque el punto no es la amplitud del ministerio, sino cuán profundo es. Dios dice: "Tú encárgate de la profundidad y Yo me encargaré de la amplitud".

a. La limitación de la voluntad de Dios

La primera limitación que Jesús puso en Su ministerio fue hacer solo lo que el Padre le dio para hacer. El límite número uno de cualquier ministerio es la voluntad de Dios. Desafortunadamente, hay muchas personas involucradas en todo tipo de ministerios con los que Dios no tiene nada que ver. En lugar de pasar su tiempo haciendo lo que Él quiere y para lo que los ha dotado, están corriendo por todos lados haciendo lo que quieren hacer. Normalmente no es nada más que megalomanía: un problema de ego que se sale de control. Jesús dijo: "No puedo yo hacer nada por mí mismo... no busco mi voluntad, sino la voluntad del que me envió" (Jn. 5:30).

b. La limitación del tiempo

A lo largo del evangelio de Juan, Jesús dijo: "Aún no ha venido mi hora" (p. ej.: 2:4; cp. 7:30; 8:20). Él estaba comprometido con el tiempo divino, que ciertas cosas debían ser hechas en ciertos momentos: el tiempo del Padre. Así que, a menos que algo fuera la voluntad del Padre y el tiempo del Padre, Jesús no lo hacía. Eso puso ciertos límites en Su ministerio. Pero cuando era el tiempo correcto, Jesús podía decir: "Padre, la hora ha llegado" (Jn. 17:1). Eso es emocionante.

c. La limitación de cierto grupo de personas

El objetivo del ministerio de Jesús cuando Él vino por primera vez al mundo fue alcanzar a "las ovejas perdidas de la casa de Israel" (Mt. 10:6). ¿Por qué se limitaría de esa manera? Él estrechó el círculo de Su ministerio intencionalmente, el cual no era solo para los judíos, sino para cierta clase de judíos. En Mateo 9:13 Jesús dice: "No he venido a llamar a justos, sino a pecadores". Él no vino por personas hipócritas y religiosas; Él buscó a judíos que reconocían su pecado. Él tuvo un alcance muy reducido de ministerio.

d. La limitación de cierto tema

A lo largo del ministerio de Jesús, las personas trataron de presionarlo hacia la política. Cuando preguntaron lo que Él pensaba del César, ¿qué dijo? Con mucha sensatez, Él evitó cualquier involucramiento político y respondió: "Dad, pues, a César lo que es de César, y a Dios lo que es de Dios" (Mt. 22:21). Él rehusó ser forzado a involucrarse políticamente porque ese no era Su propósito. Él lo evitó porque Él tenía límites en Su ministerio.

e. La limitación de un pequeño número de discípulos

Jesús también limitó el número de personas que Él discipuló. Después de sanar a un endemoniado, el hombre "le rogaba que le dejase estar con él. Mas Jesús no se lo permitió, sino que le dijo: Vete a tu casa, a los tuyos, y cuéntales cuán grandes cosas el Señor ha hecho contigo" (Mr. 5:18–19). ¿Por qué no se lo llevó? Un megalómano se lo hubiera llevado. Los megalómanos arrastran montones de discípulos para probarse a sí mismos. Pero Jesús sabía exactamente a cuántos Él podía discipular eficazmente y eso era todo lo que Él quería.

Las limitaciones sobre el ministerio de Jesús fueron sorprendentes, sin embargo, Él impactó al mundo. Los hombres que impactan al mundo ponen límites sobre su ministerio que les permiten ministrar con profundidad. Pablo regresó a las mismas personas tres veces y Jesús trabajó con las mismas doce personas durante tres años. Pero en últimas, sus ministerios impactaron al mundo. Aprenda esto: el alcance que va a tener en su ministerio no debe estar relacionado con lo rápido o lejos que usted vaya, debe estar relacionado con lo profundo que usted escudriña. Concéntrese en la profundidad y Dios se encargará de la amplitud.

Aquí en Colosenses 1:24–25, hemos visto cuatro aspectos del ministerio de Pablo. La fuente es Dios; el espíritu es gozo; el sufrimiento es por Cristo por causa de la iglesia; y el alcance es toda la Palabra para el mundo específico al que Dios le ha llamado —y después, por Su Espíritu, extenderlo al mundo más allá de eso—. Veremos cuatro características más del ministerio en nuestra próxima lección, pero si el pueblo de Dios estuviera comprometido solo con estas cuatro, una revolución se llevaría a cabo en la iglesia, ¿verdad?

ENFOCÁNDOSE EN LOS HECHOS

1. ¿Por qué el apóstol Pablo escribió la epístola a los colosenses?

2. ¿Qué significa literalmente la palabra *ministro*? ¿En qué se parece un ministro a un administrador? Conecte eso con la realidad de que Dios es la fuente de todo ministerio.

3. ¿Qué es lo que todo cristiano es responsable de administrar?

4. Las personas con frecuencia permiten que sus circunstancias les roben el gozo. ¿Cuál es la verdadera raíz que causa esa pérdida de gozo?

5. ¿Es posible tener gozo verdadero incluso en tiempos de tristeza? ¿Cómo? (cp. Ro. 9:2 y Fil. 4:4).

6. Explique cómo una actitud de humildad genera gozo. ¿Cuáles son algunos otros guardianes de nuestro gozo?

7. ¿Cuál es la interpretación equivocada más común de Colosenses 1:24? ¿Cómo es que el contexto de este versículo ayuda a aclarar este malentendido?

8. ¿Cuáles son las cinco razones por las que podemos regocijarnos en el sufrimiento? Explique cada una.

9. ¿Qué significa "cumplo... lo que falta de las aflicciones de Cristo" (Col. 1:24)?

10. ¿Por qué Jesús colocó ciertos límites en Su ministerio? ¿Cuáles fueron esas limitaciones y qué es lo que cada una de ellas revela acerca de cómo debemos abordar nuestro propio ministerio?

PONDERANDO LOS PRINCIPIOS

1. ¿Cómo podría saber si Dios lo estuviera llamando a involucrarse en un ministerio en particular? ¿Cómo ordenaría los siguientes criterios del más al menos importante? Deseo, necesidad aparente, don espiritual, consejo de otros. Lea el Salmo 37:3–5; Proverbios 3:5–6; 15:22; Hechos 16:6–10; 1 Corintios 12:4–11; 2 Corintios 3:4–6; y 1 Timoteo 1:12. ¿Acaso Dios llamaría a alguien a ministrar de una manera específica sin darle a esa persona el don espiritual necesario? ¿Cuáles son las razones posibles por las que algunas personas son exitosas en sus ministerio mientras que otras no lo son?

2. Según 1 Corintios 12:7 y 12, todo cristiano es dotado por el Espíritu Santo para ministrar al cuerpo de Cristo. Es la responsabilidad, entonces, de todo cristiano estar involucrado en ministrar ese don espiritual —de ser un buen administrador de aquello que es dado por Dios—. ¿Está siendo usted un buen administrador del ministerio que se le ha encomendado por parte de Dios? Memorice 1 Corintios 4:2 y 1 Pedro 4:10.

3. ¿Alguna vez ha sufrido o ha sido perseguido por ser cristiano? Si no es así, ¿por qué no (vea 2 Ti. 3:12)? Si ha vivido eso, ¿cuál fue su actitud (vea 1 P. 4:12–16, 19)? Repase las cinco razones por las que puede regocijarse en el sufrimiento. Tome tiempo para considerar lo que Cristo ha sufrido por usted.

EL MINISTERIO DE PABLO: EL MISTERIO DE CRISTO EN USTED

INTRODUCCIÓN

Conforme considero los diferentes ministerios a los que Dios ha llamado a cada uno de nosotros, un pensamiento que me viene continuamente a la mente es este: nunca hay una presentación eficaz de la verdad divina sin una lucha. Constantemente estamos enfrentando situaciones que hacen difícil el ministerio de la Palabra. Por ejemplo, algunas veces las personas son tan sordas a la verdad espiritual que usted tiene que prepararlas y trabajar con ellas hasta que puede comunicarse eficazmente con ellas. También tenemos que tratar con problemas tales como doctrina falsa, herejía, la pecaminosidad de las personas, barreras del idioma en el campo misionero e incluso nuestra propia ignorancia. Cualquiera que sea el caso, cuando presentamos la verdad de Dios va a surgir una lucha porque el adversario, Satanás, siempre lo hará difícil. Esto no fue menos cierto en la vida del apóstol Pablo. Y conforme vemos el libro de Colosenses, vemos que Pablo está en una lucha.

A. Las circunstancias de Pablo evaluadas

1. El encarcelamiento romano

Mientras que Pablo escribió esta carta a los cristianos en la ciudad de Colosas, él estaba bajo arresto en Roma. Eso fue parte de su lucha. Debido a su mensaje, debido a su predicación, debido a su proclamación de la verdad de Jesucristo, Pablo se volvió un prisionero en Roma.

2. El reporte de Epafras

Mientras estaba arrestado en Roma, la lucha de Pablo se multiplicó más cuando un querido hombre de Dios llamado Epafras lo visitó. Epafras, el pastor fundador de la iglesia en Colosas, vino a Pablo y le informó: "Pablo, algo trágico está ocurriendo en nuestra ciudad. La iglesia está siendo expuesta a una terrible falsa doctrina; los falsos maestros han venido a Colosas diciendo que Jesús no es Dios y que Él no puede salvar a los hombres. También están enseñando legalismo, ritualismo, misticismo, ascetismo y todo tipo de doctrinas extrañas como la adoración a los ángeles. Toda esta herejía está atacando a nuestra joven iglesia en Colosas".

3. La respuesta de Pablo

   Motivado por el reporte angustioso de Epafras, Pablo escribió la carta que ahora conocemos como Colosenses. En ella, Pablo aborda la herejía relacionada con la persona de Jesucristo y Su poder total para salvar. Ese es el tema primordial de los primeros dos capítulos; los últimos dos capítulos presentan la conducta que debe ser nuestra respuesta al entender quién es Cristo y lo que Él ha logrado en la salvación.

B. Las credenciales de Pablo establecidas

Era importante que el apóstol Pablo les diera a los cristianos colosenses una razón para creer lo que él les escribió. Una cosa es decir algo; otra es que la gente acepte lo que usted dice como la verdad. Pablo quería que los colosenses vivieran por lo que él decía. Pero debido a que él no era el pastor fundador de la iglesia en Colosas, probablemente ellos no lo conocían tan bien; algunos de ellos pudieron no haberlo conocido en absoluto. Entonces, era importante que en algún punto en esta carta Pablo estableciera su derecho de hablar, ser oído, ser creído y ser obedecido. Eso es lo que él hace en el 1:24–29. En estos versículos en particular, Pablo explica su llamado y el alcance de su ministerio para que los colosenses entiendan por qué deben escucharlo y responderle. En total, Pablo da ocho características generales de su ministerio —repasemos las primeras cuatro.

REPASO

I. LA FUENTE DEL MINISTERIO (COL. 1:23*b*, 25*a*)

El versículo 23 termina con: "Yo Pablo fui hecho ministro". En el versículo 25 él dice: "De la cual [la iglesia] fui hecho ministro, según la administración [o "responsabilidad"] de Dios que me fue dada". Pablo no se hizo ministro a sí mismo; Dios lo hizo. La fuente de cualquier ministerio es Dios. Es Dios quien nos llama; es Dios quien nos concede Su Espíritu; es Dios quien nos dirige al ministerio que quiere para nosotros. Es Dios quien nos da los dones del Espíritu para que podamos ministrarlos. Es Dios quien nos equipa con las capacidades y habilidades humanas para operar en áreas que Él diseña para nosotros. Dios nos llama a un ministerio. Por lo tanto, todo lo que tengo —cualquier ministerio, dones, capacidades— es una administración que Dios me ha encomendado, para ser devuelta a Él en fidelidad. No nos llamamos a nosotros mismos al ministerio.

II. EL ESPÍRITU DEL MINISTERIO (COL. 1:24*a*)

Pablo presenta el espíritu del ministerio cuando dice: "Ahora me gozo". El espíritu del ministerio es gozo. En nuestra última lección vimos que Pablo siempre tuvo gozo en el ministerio porque era humilde. El reconocimiento de que era indigno de recibir algo de Dios motivó su gozo debido a todo lo que recibió en Cristo. El gozo es un producto de la humildad. Cuando creemos sinceramente que no merecemos nada, incluso el privilegio de sufrir por Cristo nos hará felices.

LA IMPORTANCIA DE TENER UN SENTIDO DE INDIGNIDAD

A lo largo de la Escritura, usted encontrará que cuando Dios llamó a Sus grandes siervos, Sus siervos escogidos, Él siempre los hizo enfrentar su indignidad total. Entonces, cualquier cosa que tuvieran les daba gozo —porque reconocían que era un regalo de la gracia de Dios. Por ejemplo:

- Moisés—En la zarza ardiente Moisés solo pudo ver sus imperfecciones. En Éxodo 4:10 Moisés se quejó de su falta de elocuencia. Pero Dios respondió: "¿Quién dio la boca al hombre? ¿o quién hizo al mudo y al sordo, al que ve y al ciego? ¿No soy yo Jehová? Ahora pues, ve, y yo estaré con tu boca, y te enseñaré lo que hayas de hablar" (Éx. 4:11–12).

- Isaías—En Isaías 6 cuando el profeta vio la gloria de Dios, dijo: "¡Ay de mí! que soy muerto; porque siendo hombre inmundo de labios, y habitando en medio de pueblo que tiene labios inmundos" (v. 5). Después de que un ángel tocó su boca con un carbón encendido del altar (el símbolo de purificación), el versículo 8 dice: "Después oí la voz del Señor, que decía: ¿A quién enviaré, y quién irá por nosotros? Entonces respondí yo: Heme aquí, envíame a mí". Antes de que Dios usara a Isaías, le mostró su indignidad.
- Pedro—En respuesta a una demostración milagrosa del poder del Señor, conforme Él dirigió a Pedro al pescar una multitud de peces, Pedro "cayó de rodillas ante Jesús, diciendo: Apártate de mí, Señor, porque soy hombre pecador" (Lc. 5:8). Pedro vio que ni siquiera merecía estar en la presencia del Señor. Jesús respondió: "No temas; desde ahora serás pescador de hombres" (v. 10).

Todos los siervos escogidos por Dios debían tener un sentido de indignidad, un sentido de pecaminosidad, un sentido de ineptitud, un sentido de no merecer, porque eso está en el corazón mismo del gozo. Con esa actitud, todo lo que pasa se vuelve una causa de regocijo. Y Pablo, como el resto de estos siervos, vio que no merecía nada —entonces todo lo que él recibió de Dios le causó gozo.

Los cristianos que están cansados de servir al Señor pierden su gozo porque piensan que deben estar mejor de lo que están. Tan pronto como empieza a pensar que no está recibiendo lo que merece, usted se va a amargar, va a empezar a quejarse y perderá el gozo del ministerio. La realidad del asunto es que no merecemos nada. Mantenga la humildad para mantener el gozo.

III. EL SUFRIMIENTO DEL MINISTERIO (COL. 1:24*b*)

Pablo prosigue: "Ahora me gozo en lo que padezco por vosotros, y cumplo en mi carne lo que falta de las aflicciones de Cristo por su cuerpo, que es la iglesia". Una paráfrasis sería: "El sufrimiento del ministerio es este: debido a que el mundo no ha terminado de perseguir a Cristo, pero ya no puede llegar físicamente a Él, me van a perseguir a mí en Su lugar. Pero está bien. Si sufro para llevarles el evangelio, vale la pena. Estoy dispuesto a sufrir, incluso a morir, por la obra del Señor".

IV. EL ALCANCE DEL MINISTERIO (COL. 1:25*b*)

El final del versículo 25 nos da el alcance del ministerio: "Para que anuncie cumplidamente la palabra de Dios". Se trata de hacer lo que Dios le ha llamado a hacer mientras maximiza su esfuerzo. Pablo dice: "Dios me habló y me dijo qué hacer. Ahora es mi responsabilidad hacerlo —cumplir la Palabra de Dios. Tengo que cumplir mi llamado de predicar el evangelio a los incrédulos y enseñar todo el consejo de Dios a los creyentes".

LECCIÓN

V. EL TEMA DEL MINISTERIO (COL. 1:26–27)

Entonces, ¿qué predicamos? ¿Qué estamos proclamando? ¿Cuál es el mensaje del ministerio?

A. La manifestación del misterio (v. 26)

El tema del ministerio es "el misterio que había estado oculto desde los siglos y edades". La palabra *siglos* significa "tiempos" y *edades* significa "personas" —así que el misterio ha estado oculto de tiempos y personas "pero que ahora ha sido manifestado a sus santos". Entonces, el mensaje que debemos enseñar es el misterio. ¿Y cuál es este misterio? Expliquemos el término.

1. Los secretos de Dios explicados

   a. Dios tiene algunos secretos que nunca revela —Deuteronomio 29:29: "Las cosas secretas pertenecen a Jehová nuestro Dios". Aquí es donde nuestra inteligencia termina, pero no la de Dios.

   b. Dios tiene algunos secretos que revela solo

a personas especiales —Salmo 25:14: "Los secretos del SEÑOR son para los que le temen" (NBLA). Proverbios 3:32: "Su comunión íntima es con los justos". Hay algunas cosas que solo Dios sabe y algunas cosas que Él revela solo a los justos: aquellos que creen en Dios, que están comprometidos con Él, en quienes el Espíritu Santo mora en esta época, los hijos de Dios.

c. Dios tiene algunos secretos que Él escondió en el pasado, pero que ha revelado a todos los santos en el Nuevo Testamento —estos son los misterios. Entonces cuando usted ve la palabra *misterio* en la Biblia, se refiere a algo que no fue revelado en el Antiguo Testamento, pero que ahora es revelado en el Nuevo Testamento a todo cristiano.

Con todo eso en mente, el versículo 26 se ve algo como esto: "Es decir, las cosas escondidas a los santos del Antiguo Testamento, las cuales han sido escondidas de tiempos y generaciones, pero que ahora son hechas manifiestas a los santos del Nuevo Testamento". ¿Y cuál es este misterio que ahora es revelado? Veamos primero algunos de los misterios del Nuevo Testamento:

2. Los misterios del Nuevo Testamento definidos

   a. El misterio del Dios encarnado (Col. 2:2–3, 9)

   b. El misterio de la iniquidad (2 Ts. 2:7)

c. El misterio del rapto (1 Co. 15:51–52)

d. El misterio de Babilonia (Ap. 17:5, 7)

e. El misterio de la iglesia (Ef. 1:9–10; 3:3–6, 9; 6:19)

f. El misterio de la novia (Ef. 5:23–32)

g. El misterio de la incredulidad de Israel (Ro. 11:25)

¿Cuál, entonces, es el tema de nuestro ministerio? Es la plenitud de la revelación del Nuevo Testamento. Claro que también debemos enseñar el Antiguo Testamento —pero la plenitud de nuestro mensaje está contenida en los misterios del Nuevo Testamento.

Entonces cuando Pablo usa la palabra *misterio*, él no la usa en el sentido de alguna enseñanza secreta, rito o ceremonia escondida de las masas y revelada a un grupo exclusivo de personas. Él no la usa en el sentido místico que tienen varias religiones de misterio. Un misterio es simplemente algo que estaba escondido en el pasado, pero que ahora es revelado en el Nuevo Testamento.

B. La composición del misterio (v. 27)

Observe el versículo 27: "A quienes Dios quiso dar a conocer las riquezas de la gloria de este misterio entre los gentiles; que es Cristo en vosotros, la esperanza de gloria".

Como hemos visto, hay muchos misterios diferentes

en el Nuevo Testamento; pero el que Pablo señala aquí es el misterio de Cristo habitando —Cristo en ustedes. Desde el Antiguo Testamento los judíos sabían que el Mesías vendría, pero nunca supieron que Él moraría en los cuerpos de Su pueblo. Ellos no sabían que nuestros cuerpos serían el templo del Dios viviente. Era un misterio.

Otra cosa que los judíos nunca vieron en el Antiguo Testamento fue "las riquezas de la gloria de este misterio entre los gentiles". Ellos pudieron haber entendido la relación del Mesías con Israel, pero nunca entendieron la relación del Mesías morando en los gentiles —el misterio de la iglesia.

Somos ricos porque, como la iglesia, Cristo está en nosotros. Y este es el tema del ministerio. Nuestro mensaje es decirles a las personas que el Dios viviente puede venir a morar en ellos. Esa es una realidad fantástica y emocionante. Pablo enseñó: "Podéis entender cuál sea mi conocimiento en el misterio de Cristo, misterio que en otras generaciones no se dio a conocer a los hijos de los hombres, como ahora es revelado a sus santos apóstoles y profetas por el Espíritu: que los gentiles son coherederos y miembros del mismo cuerpo, y copartícipes de la promesa en Cristo Jesús por medio del evangelio" (Ef. 3:4–6).

El misterio es que judíos y gentiles son hechos coherederos para recibir y poseer a Dios en su interior. Ese es nuestro mensaje, el tema del ministerio. Nuestro mensaje para el mundo no es tratar de vivir una vida mejor. No estamos imponiendo rituales o una alteración de la vida. No estamos diciendo: "¿Podría por favor cumplir su resolución de año nuevo cada mes?". El mensaje es este: Cristo puede venir y vivir en usted. Eso es lo que proclamamos.

1. Nuestras riquezas en Cristo

   Somos ricos más allá de la imaginación porque Cristo está en nosotros. El tema de las riquezas del creyente en Cristo está presente en las epístolas de Pablo. Por ejemplo:

   a. Efesios 1:18—Mi oración es que Dios esté "alumbrando los ojos de vuestro entendimiento, para que sepáis cuál es la esperanza a que él os ha llamado, y cuáles las riquezas de la gloria de su herencia en los santos".

   b. Efesios 3:16—"Para que os dé, conforme a las riquezas de su gloria, el ser fortalecidos con poder en el hombre interior por su Espíritu".

   c. Colosenses 2:2–3—"Todas las riquezas de pleno entendimiento... de Cristo, en quien están escondidos todos los tesoros de la sabiduría y del conocimiento". Si toda la sabiduría y todo el conocimiento están en Cristo, y Cristo vive en nosotros, tenemos toda la sabiduría y todo el conocimiento. ¡Qué recurso!

d. Romanos 9:23—"Para hacer notorias las riquezas de su gloria, las mostró para con los vasos de misericordia que él preparó de antemano para gloria". Dios, por Su misericordia, nos ha hecho ricos ahora y para siempre.

e. Romanos 11:33—"¡Oh profundidad de las riquezas de la sabiduría y de la ciencia de Dios!".

Dios es rico en conocimiento, sabiduría, misericordia, gracia y amor —y Él ha depositado todo eso en nosotros. Es una realidad increíble cuando usted se detiene a pensar en eso. La mayoría de los cristianos viven como mendigos, aunque tienen al Dios viviente residiendo en ellos.

2. La residencia de Cristo en nosotros

a. Efesios 3:19—Pablo oró para que seamos "llenos de toda la plenitud de Dios". Su oración fue que todo recurso disponible y el poder de Dios estuvieran activos en nuestras vidas. Ese es el tema del ministerio. La esperanza para el hombre ahora, y la garantía para el honor o la gloria del hombre en el futuro, es Cristo habitando en el creyente. Su Espíritu es nuestro poder presente como también el garante de la seguridad eterna con Él.

b. Efesios 3:17—Es increíble entender la realidad de este versículo: "Que habite Cristo por la fe en vuestros corazones". El principio de que el Dios viviente habita dentro de mí es insondable. Cuanto más lo pienso, más increíble me parece.

c. Juan 6:56—Jesús dijo: "El que come mi carne y bebe mi sangre, en mí permanece, y yo en él". En otras palabras, Jesús dijo: "Voy a morar en aquellos que espiritualmente participan de Mi muerte y creen en Mi sangre expiatoria (al recibir el sacrificio por el pecado que hice en la cruz)". ¡Qué realidad fenomenal! Ese es nuestro mensaje. Eso es lo que el mundo necesita oír.

d. Juan 14:17—"El Espíritu de verdad, al cual el mundo no puede recibir, porque no le ve, ni le conoce, pero vosotros le conocéis, porque mora con vosotros, y estará en vosotros". Jesús dijo a Sus discípulos: "El Espíritu Santo va a venir y morar en ustedes".

e. Juan 14:23—"Respondió Jesús... El que me ama, mi palabra guardará; y mi Padre le amará, y vendremos a él, y haremos morada con él".

f. Romanos 8:9–10—"Mas vosotros no vivís según la carne, sino según el Espíritu, si es que el Espíritu de Dios mora en vosotros. Y si alguno no tiene el Espíritu de Cristo, no es de él. Pero si Cristo está en vosotros, el cuerpo en verdad está muerto a causa del pecado, mas el espíritu vive a causa de la justicia". "Si usted es un cristiano —dice Pablo— el Espíritu de Dios está en usted, el Espíritu de Cristo está en usted y Cristo está en usted". Él dice lo mismo de tres maneras diferentes —Dios vive en usted si usted es un cristiano. ¡Qué realidad tan incomprensible!

g. 2 Corintios 6:16—"Porque vosotros sois el templo del Dios viviente, como Dios dijo: Habitaré y andaré entre ellos, y seré su Dios, y ellos serán mi pueblo".

h. Gálatas 2:20—"Con Cristo estoy juntamente crucificado, y ya no vivo yo, mas vive Cristo en mí".

Ese es el tema del ministerio y "la esperanza de gloria" (Col. 1:27). ¿Qué quiere decir Pablo con la frase: "La esperanza de gloria"? La única gloria que un hombre podría llegar a tener —ahora o en el futuro— es obtenida solo cuando Cristo está habitando en él. Y el mensaje es justamente este: el Dios viviente puede habitar en usted.

VI. EL ESTILO DEL MINISTERIO (COL. 1:28*a*)

Hemos visto la fuente del ministerio, el espíritu del ministerio, el sufrimiento del ministerio, el alcance del ministerio y el tema del ministerio. Pablo ahora presenta el estilo del ministerio. Al principio del verso

28 él dice: "A quien anunciamos, amonestando a todo hombre, y enseñando a todo hombre en toda sabiduría". ¿Cuál, entonces, es el estilo del ministerio? ¿Cuál es el modo, el método?

A. Los elementos de anunciar

La palabra "predicar" (gr. *katangellō*) literalmente significa "anunciar". Se refiere a declarar una verdad completada —un suceso terminado. Es un término general para la misión de proclamación de Pablo. Entonces, ¿cuál es el estilo de nuestro ministerio? No es andar a escondidas sin decir nada y simplemente vivir la vida. Claro que debe vivir la vida, pero también tiene que abrir su boca y anunciar. Oímos mucho acerca de ser ejemplo, lo cual es muy importante, pero nadie le va a seguir al reino a menos que les hable la verdad. Entonces, el estilo del ministerio es anunciar. Y Pablo no necesariamente se está refiriendo a predicación formal con este término, él simplemente quiere decir hablar la verdad.

Según el versículo 28, nuestro anuncio tiene dos componentes: una advertencia negativa y una enseñanza positiva. Mediante estos dos componentes obtenemos el fin en mente, el cual es que la sabiduría sea impartida.

1. Amonestando

a. La definición simple

¿Qué significa amonestar (gr. *noutheteō*)? Es lo que usted hace con sus hijos cuando les dice: "Si sigues haciendo eso, ¡vas a estar en serios problemas!". Amonestar o advertirle a alguien es dar un consejo alentador a la luz del pecado y el castigo inminente. Y 2 Tesalonicenses 3:14–15 dice que debe ser hecho firmemente, pero con amabilidad.

b. La responsabilidad compartida

Muchos pasajes del Nuevo Testamento indican que todo cristiano es responsable de amonestar.

1) Colosenses 3:16—"La palabra de Cristo more en abundancia en vosotros, enseñándoos y exhortándoos unos a otros en toda sabiduría". Todos nosotros tenemos la responsabilidad de advertirnos unos a otros del pecado y sus consecuencias.

2) Romanos 15:14—Pablo dice: "Estoy seguro... de que vosotros mismos estáis llenos de bondad, llenos de todo conocimiento, de tal manera que podéis amonestaros los unos a los otros". Si vemos pecado en la vida de un creyente, debemos amonestarle amorosa y amablemente. Todos nosotros tenemos esa responsabilidad.

3) 1 Tesalonicenses 5:12—"Os rogamos,

hermanos, que reconozcáis a los que trabajan entre vosotros, y os presiden en el Señor, y os amonestan". Si todo cristiano tiene la responsabilidad de amonestar, ciertamente eso también es verdad de todo pastor. Como pastor, soy responsable de advertirles —acerca de su pecado, acerca de la falsa doctrina y acerca de las consecuencias de la desobediencia o la pereza espiritual. Tengo que advertirles como advertiría a mis propios hijos.

2. Enseñando

El segundo aspecto de anunciar, el lado positivo, es enseñar. Debemos impartir doctrina de manera positiva al enseñar la Palabra de Dios. Y el versículo 28 dice que debemos estar enseñando "en toda sabiduría". "Sabiduría" aquí significa "principios espirituales". En base a principios espirituales, debemos advertir y enseñar.

El anuncio que hacemos, entonces, debe involucrar advertencia y enseñanza —tanto a incrédulos como a creyentes. Debemos advertirles a los incrédulos del juicio eterno que experimentarán si siguen viviendo como están viviendo, rechazando a Jesucristo. También debemos enseñarles a los incrédulos lo que la Biblia dice que deben hacer en lugar de eso. Estos mismos dos aspectos de anunciar también se aplican en la iglesia —si usted ve a un cristiano pecando, debe advertirle e instruirle.

Ese fue el estilo del ministerio de Pablo. Normalmente, él primero enseñaba doctrina sólida y después, a partir del cimiento de esa doctrina, él advertía. Él decía: "Ahora que les he dicho esta verdad, esta es la manera en la que necesitan actuar". Todos nosotros debemos ser anunciadores. Algunos se paran en el púlpito y anuncian a grandes multitudes de personas, mientras que otros anuncian a grupos pequeños de amigos y familia. En donde quiera que estemos, todos nosotros debemos anunciar. Todos somos bocas para el Señor conforme advertimos y enseñamos. Ese es el estilo del ministerio. ¿Y qué debemos anunciar? Debemos anunciar el misterio de "Cristo en vosotros, la esperanza de gloria" (v. 27) —y todo lo que eso significa. Para lograr eso, debemos advertir y enseñar.

B. La extensión del anuncio

Observe algo en el versículo 28 —Pablo dice: "A quien anunciamos, amonestando a todo hombre, y enseñando a todo hombre en toda sabiduría, a fin de presentar perfecto en Cristo Jesús a todo hombre". ¿A quién entonces debemos advertir y enseñar? ¿Solo a los escogidos? No. Es obvio: a todo mundo —"todo hombre". Seamos anunciadores. Estemos comprometidos a abrir nuestras bocas y anunciar, no solo dejar pequeños folletos en mesas y escondernos. Comprometámonos a hablar por el Señor, advirtiendo acerca de creencias y conductas negativas, y enseñando verdad positiva en toda sabiduría.

VII. LA SUMA DEL MINISTERIO (COL. 1:28*b*)

Cuando todo es dicho y hecho, ¿cuál es la meta, el objetivo, la suma del ministerio? La respuesta está al final del versículo 28: "A fin de presentar perfecto [o "maduro"] en Cristo Jesús a todo hombre". La meta del ministerio es la madurez de los santos.

A. La prioridad de la perfección

1. Efesios 4:11–12—"Y él mismo constituyó a unos, apóstoles; a otros, profetas; a otros, evangelistas; a otros, pastores y maestros, a fin de perfeccionar a los santos para la obra del ministerio, para la edificación del cuerpo de Cristo". La meta del ministerio es edificar a las personas y llevarlas a la madurez.

2. Gálatas 3:3—Pablo escribió a los Gálatas: "¿Tan necios sois? ¿Habiendo comenzado por el Espíritu, ahora vais a acabar por la carne?". Uno de los ministerios del Espíritu Santo es perfeccionarnos, hacernos madurar. Confíe que el Espíritu hará Su obra, no su propio poder.

3. Hebreos 13:20–21—"El Dios de paz… os haga aptos en toda obra buena para que hagáis su voluntad, haciendo él en vosotros lo que es agradable delante de él por Jesucristo". Ese es el objetivo del ministerio. No solo debemos

llevar a las personas a Cristo, debemos llevar a los que están en Cristo a la madurez para que ellos también puedan propagar la fe al anunciar lo que saben a otros.

B. El progreso a la perfección

En Filipenses 3:12 Pablo dice: "No que lo haya alcanzado ya, ni que ya sea perfecto; sino que prosigo". En otras palabras: "No he llegado a la perfección, pero estoy seguro de que voy en esa dirección". ¿Cuál es el objetivo de la perfección o madurez en la vida cristiana? Es ser como Jesucristo. ¿Hay alguien que ya haya alcanzado eso? No, pero espero que todos estemos progresando. No obstante, cuanto más nos acercamos, más lejos parece que estamos. Entonces, ¿cómo llegamos ahí? ¿Cómo se llega a ser perfecto o maduro?

C. El proceso de la perfección

Segunda de Timoteo 3:16–17 nos dice cómo debemos madurar: "Toda la Escritura es inspirada por Dios, y útil para enseñar, para redargüir, para corregir, para instruir en justicia, a fin de que el hombre de Dios sea perfecto, enteramente preparado para toda buena obra". Entonces, ¿cómo llega usted ahí? Al hacer que la Palabra de Dios sea parte de su vida. Es su alimento espiritual. Un niño madura porque come. Un cristiano madura porque se alimenta de la Palabra de Dios.

D. El predicador de la perfección

La meta del ministerio es llevar a las personas a la madurez. Eso es lo que estaba en el corazón de Epafras. Epafras, quien probablemente pastoreó la iglesia de los colosenses, fue el que trajo a Pablo noticias de los problemas en Colosas. Colosenses 4:12 nos muestra lo que le preocupaba: "Os saluda Epafras, el cual es uno de vosotros, siervo de Cristo, siempre rogando encarecidamente por vosotros en sus oraciones, para que estéis firmes, perfectos y completos en todo lo que Dios quiere". Epafras tenía una gran carga por la iglesia de los colosenses, para que estuvieran completos y fueran maduros. Esa también fue la carga de Pablo: "Presentar perfecto en Cristo Jesús a todo hombre" (Col. 1:28).

E. El potencial de la perfección

El cristianismo hace una afirmación absolutamente impactante que supera barreras culturales y de tiempo: el potencial para la perfección es posible en Jesucristo para toda persona, en toda época, en toda sociedad. Walter Lippmann dijo: "Nunca ha aparecido en el mundo un maestro lo suficientemente sabio como para saber cómo hacer llegar su sabiduría a toda la humanidad. De hecho, los grandes maestros no han intentado algo tan utópico. Eran muy conscientes de cuán difícil es la sabiduría para la mayoría de los hombres, y han confesado francamente que la vida perfecta era para unos pocos elegidos" (*A Preface to Morals*

[New Brunswick: Transaction Publishers, 1982], 199). Eso es ridículo. La Escritura enseña: "A quien anunciamos, amonestando a todo hombre, y enseñando a todo hombre en toda sabiduría, a fin de presentar perfecto en Cristo Jesús a todo hombre". El Señor Jesucristo puede perfeccionar a toda persona. No todas las personas pueden dominar cada arte u oficio porque algunos son ciegos, sordos, mudos, ignorantes, ineptos y débiles. Todas esas personas constituyen el cuerpo de Cristo. Pero hay una realidad para toda persona —Jesucristo puede hacer a cualquiera como Él mismo. Qué gozo tan increíble.

VIII. LA FORTALEZA DEL MINISTERIO (COL. 1:29)

A. La perspectiva

"para lo cual también trabajo, luchando..."

1. Trabajo duro

¿Cómo es posible cumplir con todos estos elementos del ministerio? Pablo primero dice que hay que trabajar duro en ello —"trabajo", lo cual significa "trabajar arduamente hasta el punto del agotamiento". Algunas veces la gente me dice que estoy trabajando demasiado duro. Pero cuando dicen eso, normalmente pienso: "No, probablemente no estoy trabajando lo suficientemente duro". Pablo dice: "Para lo cual también [trabajo arduamente hasta el punto del agotamiento]". Conozco un poco de lo que significa estar cansado haciendo el bien, estar muerto de cansancio. Sé lo que es trabajar, pero también sé lo que es no trabajar. Y yo preferiría ser como David Brainerd y Henry Martyn, quienes desgastaron sus vidas para el Señor, que haber trabajado sin lograr lo que Dios quería que lograra. ¡El ministerio es trabajo!

Una vez una señora me dijo que debería estar en el ministerio porque según ella: "Es un gran trabajo. No tienes que hacer nada y puedes ganar mucho dinero". Desafortunadamente, esa es una perspectiva común —incluso entre aquellos que están en el ministerio. Pero ciertamente esa no fue la perspectiva de Pablo.

Pablo no estaba exagerando acerca de lo duro que trabajaba y se esforzaba en el ministerio. Lea 2 Corintios 11:23–28: por el ministerio él fue apedreado, golpeado, naufragó, encarcelado, azotado públicamente y enfrentó muchos otros peligros. Otros pasajes registran su lucha contra la fornicación entre los tesalonicenses. Él combatió contra la contienda, el adulterio, el fanatismo y las litigaciones entre los corintios. Contra el vicio y la herejía entre los colosenses. El legalismo entre los gálatas. Él también dijo: "Golpeo [literalmente "abofeteo" o "azoto"] mi cuerpo, y lo pongo en servidumbre" (1 Co. 9:27). Y él trabajó para ganarse la vida y la vida de todos los que viajaban con él (Hch. 20:34).

El ministerio no es fácil. Si usted piensa que puede lograr algo para Dios sin trabajar duro para alcanzarlo, está equivocado. Se necesita trabajo, esmero y esfuerzo. Usted tiene que exigirse a sí mismo si va a llegar a hacer algo. Pablo hizo eso. Él enseñó muchas horas, diariamente durante dos años, en la escuela de Tiranno en Éfeso (Hch. 19:9–10). Y en Hechos 20:31, Pablo dijo a los ancianos efesios que recordaran "que por tres años, de noche y de día, no he cesado de amonestar con lágrimas a cada uno". Cuando Henry Martyn fue a la India, él dijo: "Ahora déjame desgastarme para Dios".

2. Esfuerzo máximo

La palabra "luchando" es la palabra griega *agōnizomai*, de la cual obtenemos nuestra palabra "agonía". Usted puede ser un cristiano flojo, un pastor flojo, un misionero flojo, un maestro de escuela dominical flojo o un ayudante flojo en la iglesia, pero nunca cumplirá la Palabra de Dios en su vida. Y usted nunca maximizará su ministerio. Cumplir la Palabra de Dios en su vida demanda un esfuerzo máximo durante toda su vida. Pablo dice: "Para lo cual también trabajo, luchando".

¿Acaso todo eso suena demasiado generado por uno mismo y humanista? Veamos el resto del versículo.

B. El poder (v. 29)

"... según la potencia de él, la cual actúa poderosamente en mí".

No estamos solos en nuestro ministerio. Seguro, tenemos que trabajar duro, pero la única manera en la que podemos trabajar duro es en Su energía y poder. En 2 Corintios 4:16, Pablo dijo que nuestro hombre interior "se renueva de día en día". El poder de Cristo mediante Su Espíritu está operando en nuestras vidas día tras día, impartiendo una energía casi sobrenatural. Hay momentos en los que siento que no puedo continuar —sin embargo, lo hago. Y cuando lo hago, sé que la capacidad para hacer eso vino de afuera de mí. Dios nos da el poder para ministrar. Desde el punto de vista humano, trabajo duro, pero todo eso no sería nada más que cenizas si no fuera el poder de Dios lo que me está capacitando. Entonces cuando logro algo, no es porque trabajé duro, es porque Dios lo hizo —Él dio la energía, Él dio el poder, Él dio la habilidad.

En resumen, Pablo afirma sus credenciales como ministro y llama a los colosenses a oír, creer y obedecer lo que dice. Después, nos da una mirada tremenda del ministerio. Lo único que queda decir es esto: ahora que lo ha oído, confío en que lo aplicará.

ENFOCÁNDOSE EN LOS HECHOS

1. ¿Cuál es el tema de los primeros dos capítulos de Colosenses? ¿Y de los últimos dos capítulos?

2. ¿Cuál es la definición de un misterio del Nuevo Testamento? Enumere por lo menos cuatro de ellos.

3. Cite dos versículos que se refieran a las riquezas que tenemos en Cristo. ¿Cómo debería usted estar viviendo a la luz de estas riquezas?

4. Según Colosenses 1:26–27, ¿cuál es el tema del ministerio?

5. Además de vivir una vida piadosa y ejemplar, ¿qué responsabilidad tenemos hacia el mundo que nos rodea?

6. Todo cristiano tiene la responsabilidad de amonestar a otros cristianos. ¿Qué significa esto y cómo se hace?

7. ¿Cuáles son los dos componentes de la proclamación que Pablo menciona en el versículo 28?

8. ¿Qué significa "presentar perfecto en Cristo Jesús a todo hombre" (Col. 1:28)? ¿Cómo nos dice 2 Timoteo 3:16–17 que eso sucede?

9. ¿Qué perspectiva debemos tener para cumplir el ministerio que Dios tiene para nosotros? ¿Qué implica el uso que Pablo hace de las palabras *trabajo* y *luchando* en el versículo 29, refiriéndose a su ministerio?

10. Aunque tenemos que trabajar duro para cumplir con el ministerio que Dios nos da, ¿de dónde viene el poder para cumplirlo?

PONDERANDO LOS PRINCIPIOS

1. En una escala del uno al diez, ¿cómo calificaría la cantidad de gozo que usted tuvo en su ministerio, cuando Dios comenzó a usarlo por primera vez, en esa área en particular? ¿Cómo calificaría su gozo actualmente —tiene más o menos gozo? Si usted ha perdido su gozo, ¿es porque piensa que merece algo mejor? Si es así, considere el hecho de que lo que usted merece es el juicio del infierno, pero la gracia de Dios le ha dado todo lo que tiene. Si el gozo de su ministerio se ha mantenido o ha incrementado, pídale a Dios que le ayude a persistir en la perspectiva de que usted es totalmente indigno de recibir algo de Él.

2. ¿Está viviendo como un mendigo o como alguien que tiene al Dios viviente residiendo dentro de usted? Para ayudarle a recordar las riquezas que tiene en Cristo, memorice Efesios 1:3: "Bendito sea el Dios y Padre de nuestro Señor Jesucristo, que nos bendijo con toda bendición espiritual en los lugares celestiales en Cristo".

3. En Colosenses 1:18, Pablo dijo que un elemento de su ministerio era advertir (o amonestar) y enseñar a todo hombre. En el 3:16 descubrimos que esta es una responsabilidad de todo cristiano: "La palabra de Cristo more en abundancia en vosotros, enseñándoos y exhortándoos unos a otros en toda sabiduría". ¿Está cumpliendo esa responsabilidad? Si usted va a estar advirtiéndole a otros del pecado en sus vidas, ¿qué debe estar haciendo acerca del pecado en su propia vida

(Mt. 7:3–5)? ¿Cuál, entonces, es el efecto general en el cuerpo de Cristo si todos estamos comprometidos con amonestarnos unos a otros? Pídale a Dios que lo haga estar más dedicado a su propia pureza, para que pueda ser más sensible al pecado en las vidas de otros en el cuerpo. Después, pídale a Dios que le dé Su pasión por la pureza de Su iglesia.

4. Lea 1 Pedro 2:2 y 2 Timoteo 3:16–17. ¿Cuál es el elemento clave en el crecimiento y madurez de un creyente? ¿Cómo instruiría usted a un creyente nuevo para crecer en Cristo? ¿Está usted creciendo? ¿Qué más podría hacer para madurar en el Espíritu Santo mientras Él lo conforma a la imagen de Cristo?

5. Nuestra sociedad está preocupada por la recreación y, desafortunadamente, esta perspectiva ha afectado el compromiso de los cristianos con el trabajo duro que se necesita para cumplir el ministerio. En Colosenses 1:29 y 1 Corintios 15:58, Pablo usa la palabra "trabajo" del ministerio. El significado literal de la palabra es "trabajar al punto de quedar agotado y sudando", "trabajar muy duro hasta el cansancio". 1 Corintios 15:58 continúa diciendo que debemos estar "creciendo en la obra del Señor siempre". La palabra griega para "creciendo" significa "abundar". Filipenses 2:25–27 describe a un hombre llamado Epafrodito que "estuvo enfermo, a punto de morir" (v. 27) —¿por qué? Versículo 30: "Por la obra de Cristo estuvo próximo a la muerte". ¿Está usted comprometido al punto del agotamiento —abundando— en la obra del Señor? Memorice 1 Corintios 15:58.

FORTALEZCA
SU CORAZÓN

INTRODUCCIÓN

A. La cualidad primordial para un ministro eficaz: Discutida

Las personas discuten sobre el prerrequisito principal para ser un ministro eficaz de Jesucristo. Debaten qué cualidad haría que un pastor fuera el pastor verdadero de las ovejas y se han propuesto todas las siguientes: inteligencia, conocimiento de la Palabra de Dios, educación teológica, experiencia práctica, capacidad de liderazgo, valentía, santidad, pureza, poder de predicación, compasión o una combinación de alguna o todas estas. Todas esas cualidades son importantes —cada una de ellas encaja en el perfil general de un ministro eficaz de Dios. Pero ninguna de ellas sobresale como el ingrediente más básico, esencial, necesario en la vida de cualquier ministro.

B. La cualidad primordial para un ministro eficaz: Determinada

Creo que el ingrediente más básico, más esencial, más necesario en la vida de cualquier ministro es su amor por la iglesia. Ese es el catalizador que lo va a motivar en cualquier otra dimensión.

1. Ejemplificado por Jesús

   Efesios 5:25 dice: "Maridos, amad a vuestras mujeres, así como Cristo amó a la iglesia, y se entregó a sí mismo por ella". Fue el amor de Cristo por la iglesia lo que lo impulsó a entregarse por ella. Todos los otros ingredientes que acabo de mencionar, que entran en juego cuando un hombre se entrega por la iglesia, se basan en la realidad de que él ama a la iglesia. Jesús no amó primordialmente la institución, la organización o la estructura de la iglesia, Él amó a las personas que componen la iglesia. Él murió voluntariamente por ellos.

2. Ejemplificado por Pablo

   Pablo amó a la iglesia —no una institución, denominación u organización. Él amaba a las personas y dio su vida por ellas, y manifestó ese amor por la iglesia en sus epístolas.

a. La manifestación del amor de Pablo

1) 2 Corintios 3:2—"Nuestras cartas sois vosotros, escritas en nuestros corazones". Él se preocupaba profundamente por ellos, como si estuvieran escritos en su corazón.

2) 2 Corintios 6:11—"Nuestra boca se ha abierto a vosotros, oh corintios; nuestro corazón se ha ensanchado". Pablo los amaba.

3) 2 Corintios 12:15—Pablo hace una afirmación muy melancólica: "Y yo con el mayor placer gastaré lo mío, y aun yo mismo me gastaré del todo por amor de vuestras almas, aunque amándoos más, sea amado menos". "Moriré por ustedes", dice él, "aunque entre más los amo, menos me aman". Pablo amaba tanto a la iglesia que, en la búsqueda de la madurez de ella, él entregó su vida. Él sufrió dolor a lo largo de su ministerio hasta que finalmente fue ejecutado.

4) Filipenses 1:7—Pablo le escribió a los filipenses: "Os tengo en el corazón".

5) Colosenses 1:24–25—"Ahora me gozo en lo que padezco por vosotros, y cumplo

en mi carne lo que falta de las aflicciones de Cristo por su cuerpo, que es la iglesia; de la cual fui hecho ministro". Todo el ministerio de Pablo fue un derramamiento de amor por la iglesia —las personas, la comunidad de creyentes—.

b. La motivación del amor de Pablo

La razón por la que Pablo amó a la iglesia con tal intensidad y devoción vino del amor profundo que tenía por el Señor. Si usted ama al Señor, usted ama a quien Él ama. No era la iglesia de Pablo, era la iglesia de Cristo. Y debido a que Pablo amaba a Cristo, él entregó su vida con disposición por aquello por lo que Cristo dio Su vida. Esa fue la motivación que lo hizo purificar su vida, predicar con poder, actuar con compasión y aplicar su mente a las cosas de Dios. Todas esas cosas simplemente fueron el resultado de su profundo amor por Cristo y la iglesia. Cristiano, usted nunca servirá correctamente a Dios o al pueblo de Dios, con otra motivación que no sea un amor absoluto y total por Él y Su iglesia. Eso es absolutamente necesario.

En 1 Corintios 4:11–13, Pablo dice: "Hasta esta hora padecemos hambre, tenemos sed, estamos desnudos, somos abofeteados [literalmente "golpeados en la boca"], y no tenemos morada fija. Nos fatigamos

> trabajando con nuestras propias manos; nos maldicen, y bendecimos; padecemos persecución, y la soportamos. Nos difaman, y rogamos; hemos venido a ser hasta ahora como la escoria del mundo, el desecho de todos". Eso es lo que Pablo vivió por la iglesia. ¿Por qué continuó así? El versículo 14 nos dice: "No escribo esto para avergonzaros, sino para amonestaros como a hijos míos amados". En otras palabras: "Hago estas cosas porque ustedes me son amados". Como puede ver, esa es la diferencia entre el profesional y el apasionado, la diferencia entre el que cumple sus deberes con mero profesionalismo y el que tiene pasión por la iglesia.

Más que cualquier otra cualidad, el hombre de Dios debe tener un amor por la iglesia nacido de su amor por el Dios de la iglesia. Por encima de cualquier otra cosa en mi propia vida, oro para que Dios me dé el tipo de amor por la iglesia que me haría sacrificar mi vida por causa de ella. Esa es la cualidad que distinguía a Pablo. Lo que lo hizo sobresalir por encima de cualquier otro hombre que haya vivido, aparte de Jesucristo, fue su amor tremendo por la iglesia y los dones maravillosos que le fueron dados por el Espíritu de Dios.

REPASO

Conforme llegamos al capítulo 2 de Colosenses, es importante recordar que Pablo vio la asamblea colosense (y las asambleas ubicadas en las ciudades hermanas de Hierápolis y Laodicea) bajo ataque por parte de la falsa doctrina de los falsos maestros. Estaban bajo ataque por parte de los legalistas, los que filosofaban y los ascéticos —inundados de todo tipo de herejía. Pablo tenía un amor tremendo por estas personas, aunque él nunca las había conocido. Epafras, quien fundó y pastoreó esta iglesia, fue a Roma en donde Pablo fue prisionero por dos años. Su reporte de la herejía que atacaba a la iglesia creó tal angustia en el corazón de Pablo que se sentó y escribió la epístola a los colosenses.

En Colosenses 2:1, Pablo dice: "Quiero que sepáis cuán gran lucha sostengo por vosotros, y por los que están en Laodicea, y por todos los que nunca han visto mi rostro". "Me gustaría que supieran", dice él, "cuánto me duelo por ustedes". En la parte inicial del capítulo 2, él derrama su amor, lo cual termina siendo la expresión de los deseos más profundos que él tiene por la iglesia. Vea los versículos 2–7, su deseo es "que sean consolados sus corazones, unidos en amor, hasta alcanzar todas las riquezas de pleno entendimiento, a fin de conocer el misterio de Dios el Padre, y de Cristo, en quien están escondidos todos los tesoros de la sabiduría y del conocimiento. Y esto lo digo para que nadie os engañe con palabras persuasivas. Porque aunque estoy ausente en cuerpo, no obstante en espíritu estoy con vosotros, gozándome y mirando vuestro buen orden y la firmeza de vuestra fe en Cristo. Por tanto, de la manera que habéis recibido al Señor Jesucristo, andad en él; arraigados y sobreedificados en él, y confirmados en la fe, así como habéis sido enseñados, abundando en acciones de gracias".

No importaba que Pablo nunca hubiera visto a estos creyentes, porque su amor por la iglesia no dependía de las personas en ella, dependía del Salvador que murió por ellos. El amor de Pablo no discriminaba, no estaba aislado a aquellos cuyas personalidades le gustaban a él o a los que él conocía personalmente. Él amaba a toda la iglesia por igual porque él amaba a Cristo. Y conforme él derrama su amor en los versículos 2–7, Pablo revela cinco deseos que tiene por la iglesia. Comenzaremos con ellos volviendo al versículo 1.

I. LA AGONÍA DE PABLO POR LA IGLESIA (COL. 2:1)

"Porque quiero que sepáis cuán gran lucha sostengo por vosotros, y por los que están en Laodicea, y por todos los que nunca han visto mi rostro..."

La palabra "lucha" viene de la misma palabra griega traducida "luchando" en el 1:29, *agōnizomai*, de la cual obtenemos "agonía". Es una palabra relacionada especialmente al esfuerzo atlético de alguien que está agonizando, esforzándose, esmerándose por ganar. Pablo dice: "Ustedes no conocen la angustia y el dolor que soporto por ustedes". Esta palabra tiene un significado definitivo para un atleta porque quizá nadie más que un atleta entiende lo que significa experimentar un dolor que parece insoportable, pero que es necesario para alcanzar una meta. He experimentado ese tipo de dolor. Puedo recordar cuando jugué un partido de fútbol americano durante sesenta minutos con un hombro dislocado. Tenía un deseo tan grande por ganar que no le dije a nadie que estaba lastimado. Simplemente seguí aguantando y soportando el dolor. Ese es el tipo de dolor que Pablo estaba experimentando cuando se refirió a "cuán gran lucha" enfrentó por la iglesia colosense.

Pablo no estuvo solo en la agonía que experimentó por esta congregación. En el 4:12–13 Pablo escribió: "Epafras, el cual es uno de vosotros, siervo de Cristo, siempre rogando encarecidamente por vosotros en sus oraciones, para que estéis firmes, perfectos y completos en todo lo que Dios quiere. Porque de él doy testimonio de que tiene gran solicitud por vosotros". Este pastor local tuvo el mismo espíritu, la misma actitud —el mismo corazón doliente por la vida espiritual del pueblo de Dios.

Recuerde, la emoción de Pablo no es simple amor personal o solo una preocupación por algunas personas con quienes disfruta mucho estar. Él agoniza por personas que él ni siquiera ha conocido porque ama a la iglesia —la iglesia en cualquier lugar. Dios nos ayude a tener ese tipo de amor. En lugar de estar peleando, siendo soberbios y regocijándonos en el fracaso de otros creyentes, deberíamos tener la misma agonía en nuestros propios corazones y almas por cualquiera que no esté floreciendo en Cristo. "Me gustaría que pudieran entender lo que siento por ustedes", dice Pablo. Él anhelaba que crecieran y maduraran tanto como cualquiera de las iglesias a las que él les había ministrado personalmente.

Esta capacidad de amar a una iglesia que usted ni siquiera conoce establece un patrón para nosotros. La pasión de Pablo por las personas que él tenía cerca no disminuyó; él simplemente amaba a todos por igual.

LECCIÓN

El amor de Pablo por la iglesia colosense dio lugar a cinco deseos profundos que él tenía por ellos.

II. LA CARGA DE PABLO POR LA IGLESIA (COL. 2:2–7)

A. Fuertes de corazón (v. 2)

El primer deseo que Pablo expresó fue que "sean consolados [o "fortalecidos"] sus corazones". Pablo dice: "Aunque no me han visto en persona, tengo una gran agonía por ustedes. No quiero que caigan en falsa doctrina. No quiero que se dejen engañar por el error. Quiero que sean fuertes de corazón".

1. “para que... sus corazones...”

   a. El simbolismo del corazón y las entrañas

      Cuando la Biblia se refiere al corazón, ¿qué quiere decir? En la cultura occidental, el corazón es el símbolo de la emoción. Usamos expresiones como: “Mi corazón clama por ti” o “te amo con todo mi corazón”. No obstante, para el lector judío, este no era el caso. La Escritura básicamente se refiere a dos órganos del cuerpo simbólicamente: las entrañas y el corazón.

      1) Las entrañas

         Las muchas referencias de la Biblia a las entrañas pasan desapercibidas en las traducciones recientes, pero el hebreo original la usa para hablar del vientre, el estómago, los intestinos y otros órganos abdominales; era un término general para el intestino. Entonces, cuando una persona judía decía: “Lo siento en mis entrañas”, realmente estaba diciendo: “Lo siento en mi intestino”. ¿Y qué significa eso? La mente judía no buscaba el pensamiento especulativo ni interpretaba las cosas de forma abstracta. Para ellos, todo era una realidad concreta, experiencial, física. Por ejemplo:

a) Salmo 22:14—Aquí hay una descripción profética de Jesús en la cruz. Observe cómo el salmista expresa lo que Jesús siente: "He sido derramado como aguas, Y todos mis huesos se descoyuntaron; Mi corazón fue como cera, Derritiéndose en medio de mis entrañas". Él presentó esa experiencia como: "Toda mi área abdominal está en trastorno. Lo siento en mi intestino. Tengo nudos en el estómago". Esto conceptualmente es muy experiencial; no es abstracto en absoluto. Un judío nunca diría: "Siento cierta ansiedad", porque la ansiedad es una abstracción. Ellos describirían sensaciones físicas.

b) Cantar de los cantares 5:4—La novia, esperando que el novio venga a ella y consume el matrimonio, dice: "Mi amado metió su mano por la ventanilla, y mi corazón se conmovió dentro de mí". El término "corazón" aquí se refiere a la excitación de deseo sexual en el cuerpo humano. Los judíos expresaban incluso esos sentimientos con esa terminología. No decían: "Comencé a sentir una pasión grande, abrumadora", eso es una abstracción. Los judíos hablaron de eso en términos de sentimiento experiencial.

c) Lamentaciones 2:11—El profeta Jeremías era un patriota. Pero no era un patriota ciego, él amaba a su país solo cuando su país amaba a Dios. Jeremías vio a su pueblo desmoronándose y en respuesta dice: "Mis ojos desfallecieron de lágrimas, se conmovieron mis entrañas" (Lm. 2:11). Esto es: "Lo siento en mi intestino. Mi estómago tiene dolor, tengo un nudo en el estómago". Usted ha experimentado eso. Jeremías está teniendo respuestas psicosomáticas en su cuerpo a la ansiedad de su mente. Los judíos expresaban sus emociones en términos de los síntomas psicosomáticos, no en términos de abstracción.

d) Las emociones, particularmente en el Antiguo Testamento, no eran comunicadas como abstracciones, eran colocadas al nivel más concreto de experiencia. Entonces, cuando la Escritura usa el término *entrañas*, está dando respuestas emocionales. Para la mente judía, el corazón no es la base de las emociones —es el estómago, las entrañas.

e) 1 Juan 3:17—"Pero el que tiene bienes de este mundo y ve a su hermano tener necesidad, y cierra contra él su corazón, ¿cómo mora el amor de Dios en él?".

Juan simplemente está expresando lo que habría sido obvio para un judío. "Cuando ves a alguien en necesidad, eso debería causar un sentimiento en las entrañas, para despertarte y motivar una respuesta visceral".

Observe que, en cada uno de esos pasajes, las entrañas siempre están respondiendo. Respondieron al dolor en el Salmo 22:14, a la intimidad física en Cantar de los cantares 5:4, al desastre en Lamentaciones 2:11 y a la necesidad humana en 1 Juan 3:17. Para los judíos, las entrañas siempre se referían a aquello que responde —la emoción. Y en la mente judía, las entrañas siempre respondían al segundo órgano del que hablaban: el corazón.

2) El corazón

a) Apocalipsis 2:23—Este versículo obviamente se refiere al juicio porque justo antes de esta afirmación, el Señor menciona el hecho de que va a arrojar a esta iglesia pecaminosa en gran tribulación y va a dar muerte a sus hijos si no se arrepienten. Después Jesús dice: "Yo soy el que escudriña la mente y el corazón". Entonces, en este pasaje vemos que el corazón es el lugar de la responsabilidad.

b) Jeremías 17:9—"Engañoso es el corazón más que todas las cosas, y perverso". El corazón es el centro de la responsabilidad. Es aquello que Dios va a juzgar; es aquello que es justo o impío.

c) Ezequiel 36:26—Cuando Dios redima a Israel, Él quitará su corazón de piedra y les dará un corazón nuevo de carne.

d) Apocalipsis 18:7—Aquí el apóstol Juan está hablando de la gran Babilonia y de la destrucción de este último sistema mundial en la Tribulación: "Cuanto ella se ha glorificado y ha vivido en deleites, tanto dadle de tormento y llanto; porque dice en su corazón: Yo estoy sentada como reina, y no soy viuda, y no veré llanto". Observe la frase *dice en su corazón*, es una metáfora para pensar, otra manera de decir que ella pensó en su mente. Entonces, el corazón no representa a las emociones, sino a la mente, la cual se compone de dos cosas: el intelecto y la voluntad. Eso es el corazón en terminología bíblica.

e) Salmo 14:1—"Dice el necio en su corazón: No hay Dios". El texto no dice: "Dice el necio en su cerebro". ¿Por qué? Porque en tiempos antiguos las personas no se referían al cerebro. El corazón era el lugar del pensamiento.

El corazón, entonces, representa la mente que establece el ritmo y las entrañas representan las emociones que responden. Es fácil ver por qué conectaban las entrañas a las emociones —cuando se emocionaban, comenzaban a tener malestar estomacal y todos los demás síntomas que todavía tenemos en la actualidad. Y relacionaron el corazón y el cerebro porque probablemente notaron que su corazón palpitaba y latía cuando su cerebro estaba trabajando duro. La mentalidad judía creía que el pensamiento profundo podía sentirse en el latido del corazón. El corazón piensa, y las entrañas responden con emoción.

b. El secreto para controlar sus emociones

Recuerde, en la mente judía y en la revelación de Dios, las emociones nunca inician —siempre responden. El corazón piensa, y las emociones responden. Ese es el patrón divino. Alguien que no puede controlar sus emociones no tiene un problema emocional, sino mental. Las emociones únicamente responden a la iniciativa de la mente.

La clave para controlar sus emociones es llenar su mente de la verdad divina. Las emociones responden a lo que la mente percibe como verdadero —¡incluso si no es verdad! Las emociones son como niños pequeños malos —se descontrolan si usted no las controla. No confíe en sus emociones para que lo guíen. Y la clave, la única manera de controlar sus emociones es asegurarse de que su mente esté llena de la verdad divina.

Note que usted controla sus emociones indirectamente, al controlar su mente. Vea 2 Corintios 6:11, Pablo dice: "Nuestra boca se ha abierto a vosotros, oh corintios; nuestro corazón se ha ensanchado". En otras palabras: "Ahora escuchen, corintios. Mis palabras para ustedes son directas y francas. No me ando con rodeos. Y mi mente está abierta para ustedes; tengo todo tipo de verdad por decirles". Después, en el versículo 12, él dice: "No estáis estrechos en nosotros, pero sí sois estrechos en vuestro propio corazón". El griego literal dice: "Están apretados en sus intestinos". Pablo está diciendo: "Ciertamente me gustaría impartirles la verdad de mi mente a su mente, pero ustedes están apretados emocionalmente". Los corintios habían levantado una barrera emocional en contra de Pablo de tal manera que no podían recibir la verdad de él. Cuando las emociones se adelantan a la mente, usted va a tener muchos problemas. Los corintios ni siquiera podían recibir la verdad de Pablo porque sus emociones estaban estorbando.

Si una persona viene a Grace Church y tiene algo personal en contra de mí, no va a aprender nada —ha colocado sus emociones delante de la verdad. Una vez que las emociones dejan de ser las que responden, comienzan a estar en control. Es por eso que los corintios no querían aceptar las verdades que Pablo tenía para ellos. Estaban tan molestos emocionalmente con él que no podían percibir la verdad. Poner primero las emociones causa problemas serios. Las emociones siempre deben responder a la verdad.

c. El éxito de proteger sus pensamientos

La clave para la conducta que honra a Dios, la clave para controlar las emociones está en el corazón —en la mente. Necesitamos plantar la verdad de Dios en nuestras mentes para que controle nuestras respuestas emocionales.

1) Proverbios 4:23—"Sobre toda cosa guardada, guarda [o "protege"] tu corazón [o "mente"]; Porque de él mana la vida". Si usted quiere ejercer autocontrol en cómo vive, proteja su mente y no deje que nadie haga un cortocircuito en ella.

2) Proverbios 22:5—"Espinos y lazos hay en el camino del perverso; El que guarda

su alma se alejará de ellos". La misma terminología hebrea básica es usada aquí como en guardar la mente.

3) Proverbios 23:19—"Oye, hijo mío, y sé sabio, Y endereza tu corazón al camino". Guíe su corazón —protéjalo y guíelo— para que oiga y perciba la verdad. Entonces sus emociones podrán responder a la verdad.

4) Deuteronomio 4:9—"Por tanto, guárdate, y guarda tu alma con diligencia, para que no te olvides de las cosas que tus ojos han visto, ni se aparten de tu corazón". No olvide la verdad. Proteja su corazón.

5) Salmo 139:23–24—"Examíname, oh Dios, y conoce mi corazón; Pruébame y conoce mis pensamientos; Y ve si hay en mí camino de perversidad, Y guíame en el camino eterno". Proteja y guíe el corazón —la mente.

6) Mateo 12:35—Jesús dijo: "El hombre bueno, del buen tesoro del corazón saca buenas cosas". Toda la bondad saldrá de la mente porque la mente guía el patrón de conducta.

7) Mateo 15:19—"Porque del corazón salen los malos pensamientos, los homicidios, los adulterios, las fornicaciones, los hurtos, los falsos testimonios, las blasfemias".

> No solo todas las cosas buenas salen del proceso de pensamiento, todas las cosas malas también. Por eso la Biblia nos dice que protejamos nuestras mentes.

Ahora regresemos a Colosenses 2. Comenzando en el versículo 1, Pablo dice: "Porque quiero que sepáis cuán gran lucha sostengo por vosotros, y por los que están en Laodicea, y por todos los que nunca han visto mi rostro; para que sean consolados [o "fortalecidos"] sus corazones" (vv. 1–2).

2. "... sean consolados [fortalecidos]"

   a. La importancia de una mente fuerte

   Pablo dice: "Lo primero que quiero para ustedes es que sean fuertes de corazón". La palabra griega es *parakaleō*, la cual es usada repetidamente en el Nuevo Testamento y siempre contiene la idea de fortalecer. Efesios 6:22 dice: "Que consuele [o "fortalezca"] vuestros corazones". Segunda de Tesalonicenses 2:17 dice: "Conforte vuestros corazones". *Parakaleō* siempre lleva consigo la idea de consuelo, valentía y fortaleza. Si vemos su etimología, podemos encontrar lugares en donde *parakaleō* específicamente significa "alentar". Tener un corazón fuerte, entonces, es tener una mente firme —una mente que tiene valentía, convicción y principio—.

Pablo está diciendo: “No quiero que se vuelvan presa de la falsa enseñanza. No quiero que caigan ante estas personas que están enseñado mentiras. Quiero que sean fuertes en su mente. Quiero que se aferren a la verdad”. Entonces, ¿cómo se logra una mente fuerte?

b. La fuente de una mente fuerte

Efesios 3:16 nos dice la fuente de una mente fuerte. Pablo ora para que el Padre nos conceda “conforme a las riquezas de su gloria, el ser fortalecidos con poder en el hombre interior por su Espíritu”. ¿Quién es el fortalecedor del corazón? El Espíritu Santo. Nuestro mundo está lleno de personas que carecen de convicciones fuertes. Y las personas no solo no conocen la verdad, sino que no quieren aprenderla, buscarla o investigarla. Pablo dice a los colosenses: “Quiero que sean fuertes, valientes, consolados, alentados y fortalecidos”. Todo eso está contenido en la palabra *parakaleō*. Y el Espíritu Santo es el único que lo puede lograr.

c. Los pasos para una mente fuerte

Conforme usted se compromete con el poder y control del Espíritu de Dios diariamente, momento a momento, Él fortalecerá su hombre interior. El Espíritu de Dios, por la revelación de Dios, alimentará y fortalecerá su mente.

1) La ilustración

Pablo es una ilustración perfecta de alguien que comenzó a ser fortalecido inmediatamente después de su conversión. Hechos 9:22 dice que él "se esforzaba". Él se volvió más y más fuerte —no físicamente, sino en la capacitación del Espíritu de Dios. De hecho, él se volvió tan fuerte en su corazón, tan sólido en su confianza, tan inquebrantable en su ministerio, que en Hechos 20:22–24 él dijo: "Ahora, he aquí, ligado yo en espíritu, voy a Jerusalén, sin saber lo que allá me ha de acontecer; salvo que el Espíritu Santo por todas las ciudades me da testimonio, diciendo que me esperan prisiones y tribulaciones. Pero de ninguna cosa hago caso, ni estimo preciosa mi vida para mí mismo". Pablo era fuerte en su corazón. Él tenía convicciones acerca de Dios y Su voluntad para su vida. Él tenía convicciones acerca de los actos de obediencia que Dios le pedía y él fue fuerte de corazón para cumplirlos.

Pablo tuvo una fortaleza y valentía tremendas. En 2 Corintios 4:8–10, Pablo dijo: "Estamos atribulados en todo, mas no angustiados; en apuros, mas no desesperados; perseguidos, mas no desamparados; derribados, pero no destruidos; llevando en el cuerpo siempre por todas partes la muerte de Jesús, para que también la vida de Jesús se manifieste en nuestros cuerpos". ¿Cómo es que Pablo pudo hacer esto? Porque él era fuerte. ¿Y cómo se fortaleció? Conforme Pablo caminó en el Espíritu, el Espíritu derramó Su fortaleza divina en él.

2) La identificación

Parakaleō también es la palabra usada en Juan 14, 15 y 16 como el nombre del Espíritu Santo. En estos capítulos el Espíritu Santo es llamado el Paracleto, de *paraklētos*, la forma sustantiva de *parakaleō*. Pero esos versículos en particular también podrían ser traducidos diferente. Juan 14:16 podría ser traducido: "Yo rogaré al Padre, y os dará otro [Fortalecedor], para que esté con vosotros para siempre". Juan 14:26 podría leerse: "Mas el [Fortalecedor], el Espíritu Santo, a quien el Padre enviará en Mi nombre, él os enseñará todas las cosas". Juan 15:26 podría ser traducido: "Cuando venga el [Fortalecedor], a quien yo os enviaré del Padre, el Espíritu de verdad".

Y Juan 16:7 podría leerse: "Si no me fuera, el [Fortalecedor] no vendría a vosotros".

Si usted va a ser fuerte de corazón, va a tener que ser fortalecido por el fortalecedor —el Espíritu Santo. Un cristiano débil es uno que camina en la carne todo el tiempo; un cristiano fuerte es uno que camina en el Espíritu. Caminar en el Espíritu es como levantar pesas espiritualmente. Le hará ser más fuerte en su mente, en sus convicciones, y en las cosas que usted conoce y cree acerca de Dios.

3) Los instrumentos

Quiero ir todavía más lejos. Aunque el Espíritu Santo es el fortalecedor, Él usa instrumentos humanos. Él usa a personas como yo para fortalecerlo a usted, y a personas como usted para fortalecer a otros. Hechos 18:23 dice de Pablo: "Después de pasar allí algún tiempo, Pablo fue recorriendo por orden la región de Galacia y de Frigia, fortaleciendo a todos los discípulos" (NBLA). Pablo fue a esos lugares, depositó la verdad divina en sus mentes y los fortaleció. Dios usa instrumentos humanos capacitados por Su Espíritu para fortalecer.

Las personas no se fortalecen ejercitando sus emociones. Cuando Pablo dijo que quería que los corazones de los colosenses fueran fortalecidos, no se estaba refiriendo a sus emociones. Él quiso decir: "Quiero que tengan la capacitación del Espíritu de Dios y la verdad de Dios en sus mentes". El Espíritu Santo es el fortalecedor y Él usa instrumentos humanos tales como Pablo, usted y yo. Pero recuerde, nosotros mismos debemos ser fuertes para poder transmitir la verdad de Dios.

LA VERDAD: LA FUERZA IMPULSORA

Usted conoce los juguetes con motor de fricción —esos que usted impulsa un poco y salen disparados por el suelo. Las emociones son como un motor de fricción y la verdad es como la mano que da el impulso. Una vez que la verdad da el impulso inicial, las emociones pueden tomar el control. Pero usted no lo puede hacer al revés. No puede simplemente sentarse y decir: "Avanza, juguete". Usted tiene que impulsarlo primero. De la misma manera, sus emociones solo pueden responder. Pero cuando la verdad de Dios es depositada en su mente, y usted entiende y actúa en base a ella, esa verdad entonces va a impulsar el motor de fricción de sus emociones.

La oración de Pablo por todos nosotros es que tengamos corazones fuertes. ¿Por qué? Porque los corazones fuertes evitarán que seamos arrastrados por la falsa doctrina, el emocionalismo y la desobediencia. Pablo nos da los resultados de un corazón fuerte en Efesios 3:17–21. Esta es su oración: "Para que habite Cristo por la fe en vuestros corazones, a fin de que, arraigados y cimentados en amor, seáis plenamente capaces de comprender con todos los santos cuál sea la anchura, la longitud, la profundidad y la altura, y de conocer el amor de Cristo, que excede a todo conocimiento, para que seáis llenos de toda la plenitud de Dios. Y a Aquel que es poderoso para hacer todas las cosas mucho más abundantemente de lo que pedimos o entendemos, según el poder que actúa en nosotros, a él sea gloria en la iglesia en Cristo Jesús por todas las edades, por los siglos de los siglos. Amén". Esos son resultados tremendos de un corazón fuerte.

Pablo dice a los colosenses: "Debido a que los amo y me preocupo por ustedes, lo primero que quiero ver en sus vidas es que sean fuertes de corazón". En nuestra próxima lección, veremos cuatro deseos más que él tiene por la iglesia.

ENFOCÁNDOSE EN LOS HECHOS

1. Según Efesios 5:25, ¿qué motivó a Cristo a morir por la iglesia? ¿Acaso Pablo tuvo la misma perspectiva? Fundamente su respuesta.

2. ¿Por qué Pablo amó a la iglesia con tal intensidad y devoción? ¿Qué pudo soportar capacitado por este amor (cp. 1 Co. 4:11–14)?

3. Defina la gran lucha (Col. 2:1) que Pablo enfrentó por los colosenses —¿cuál fue su primer deseo por ellos (v. 2)? ¿De qué manera fue imparcial su preocupación?

4. En el pensamiento judío, ¿a qué se refiere normalmente el término *entrañas*? ¿Por qué?

5. ¿Qué simboliza el corazón en el idioma español? ¿Qué simboliza en la Escritura? ¿Por qué?

6. ¿Cuál era la conexión entre las entrañas y el corazón en la menta judía? ¿Cuál impulsa a cuál? ¿Cómo revela eso la clave para controlar sus emociones?

7. ¿Qué problema serio surge cuando las emociones tienen el control? ¿Cómo se relaciona eso con la importancia de proteger la mente? ¿Por qué Pablo estaba especialmente preocupado por la fortaleza de las mentes de los colosenses?

8. ¿Cuál es la fuente de una mente fuerte (cp. Ef. 3:16)? ¿Cuáles son los pasos prácticos para obtenerla? ¿Cuáles son los resultados de tener una mente/corazón fuerte?

PONDERANDO LOS PRINCIPIOS

1. ¿Le cuesta amar a los que son parte del cuerpo de Cristo? Lea 1 Juan 4:7–5:3. Escriba todas las verdades que pueda encontrar relacionadas con amar. ¿Qué concluye Juan, si usted no ama a su hermano? ¿Cuál es el mayor ejemplo de amor? ¿Cómo debe afectarnos este ejemplo de amor? ¿En dónde se origina nuestro amor por Dios? Según 1 Juan 5:2, nuestra obediencia a Dios está directamente conectada con nuestro amor por Él, lo cual está directamente conectado con nuestro amor unos por otros. Pase un momento evaluando su amor por Dios al evaluar su compromiso con la obediencia y su compromiso con amar a otros.

2. Aquello que llena la mente controla nuestras emociones y conducta. Entonces, ¿qué llena su mente: los principios de la Palabra o del mundo? ¿Cuáles son algunas maneras prácticas en las que puede proteger su mente "con toda diligencia" (Pr. 4:23, NBLA)? Lea y medite en los siguientes versículos: Salmo 119:9, 11; Filipenses 4:8.

LA CARGA DE PABLO POR LA IGLESIA

REPASO

I. LA AGONÍA DE PABLO POR LA IGLESIA (COL. 2:1)

II. LA CARGA DE PABLO POR LA IGLESIA (COL. 2:2–7)

En nuestra última lección vimos el primero de los cinco deseos fervientes que Pablo —y el Espíritu de Dios— tenía por la iglesia colosense en su vida juntos. Conforme continuamos este estudio, veremos que estos deseos no solo son por la iglesia colosense, sino por toda iglesia —y por todo cristiano.

A. Fuertes de corazón (v. 2)

"Para que sean consolados [fortalecidos] sus corazones..."

Parakaleō significa "consolar, fortalecer, conceder perseverancia". En este versículo "fortalecidos" es una mejor traducción que "consolados" debido al énfasis particular del apóstol —el deseo de Pablo es que los corazones de los colosenses sean fortalecidos para que no caigan en la falsa doctrina que intenta infiltrar su iglesia.

LECCIÓN

B. Unidos en amor (v. 2)

"... unidos en amor..."

Este es el equilibrio hermoso de ser fuertes de corazón. No debemos dejarnos llevar por el intelecto y convertir el cristianismo en algo fríamente académico. El amor es el gran corazón vibrante del cristianismo. El amor siempre debe ser el compañero de la doctrina.

1. La unidad definida

   La palabra *unidos* simplemente significa "unir", pero es un retrato hermoso del cuerpo de Cristo.

Todos nosotros estamos siendo unidos en un tipo de unidad indivisible. El cuerpo humano es una combinación de billones de células unidas. No obstante, las células individuales, no son distinguibles porque están unidas para formar un todo. Y así como las células del cuerpo humano son indistinguibles conforme se pierden en la unidad general del cuerpo, los cristianos individuales deben ser indistinguibles conforme se pierden en la unidad del amor que existe entre los hermanos. El sentido de la palabra aquí traducida "unidos" (y "uniéndose" en el 2:19) es el de todas las partes unidas de una manera que las deja casi sin identidad personal. El amor es lo que une a los creyentes.

2. La unidad distinguida

    a. Unidad posicional

    Todos los cristianos estamos conectados por una vida en común, como perlas unidas, cuyo hilo que nos une a todos es la vida eterna que tenemos en común.

    1) 1 Corintios 6:17—"El que se une al Señor, un espíritu es con él".

    2) 1 Corintios 12:13—"Porque por un solo Espíritu fuimos todos bautizados en un cuerpo, sean judíos o griegos, sean esclavos o libres; y a todos se nos dio a beber de un mismo Espíritu". Hay una

unidad básica, posicional que une a todos los cristianos. Todos vinimos a Cristo de la misma manera; todos fuimos salvados por el mismo método, por el mismo Dios. Todos fuimos colocados en un cuerpo por el mismo Espíritu de la misma manera y fuimos habitados por la misma vida divina en la misma plenitud que cualquier otro cristiano. Entonces hay una unidad posicional básica que nos une a todos juntos —una vida eterna en común—.

3) Gálatas 3:26–28—"Todos sois hijos de Dios por la fe en Cristo Jesús; porque todos los que habéis sido bautizados en Cristo, de Cristo estáis revestidos. Ya no hay judío ni griego; no hay esclavo ni libre; no hay varón ni mujer; porque todos vosotros sois uno en Cristo Jesús". Ahí ve usted la unidad posicional. Hay una unidad que es parte de la identidad de todo cristiano.

4) Romanos 10:12–13—"No hay diferencia entre judío y griego, pues el mismo que es Señor de todos, es rico para con todos los que le invocan; porque todo aquel que invocare el nombre del Señor, será salvo". En otras palabras, usted será salvo, usted recibirá los mismos beneficios, usted recibirá las mismas riquezas, usted recibirá el mismo Espíritu y usted recibirá la misma vida —lo mismo de todo.

Pablo dice: "Oro para que estén unidos". Usted dice: "Pero ya estamos unidos. Lo acabas de demostrar". Eso es verdad; estamos unidos —posicionalmente. Y la unidad posicional de todos los creyentes responde el sentido primario de la oración de Jesús al Padre en Juan 17:21, que todos seamos "uno". Esa oración es respondida principalmente en la identidad de la iglesia como el cuerpo de Cristo y en la unidad del Espíritu. Pero queda un aspecto sin respuesta de la oración de Jesús y esa es la parte que Pablo aborda aquí en Colosenses 2:2.

b. Unidad práctica

Cuando Pablo dice: "Unidos en amor", él no está hablando de nuestra vida eterna en común, él está hablando de estar unidos prácticamente en amor. Pablo dice: "Quiero que estén unidos en la práctica de la misma manera que están unidos posicionalmente". Hagan que su vida coincida con su posición. Ustedes son uno; ahora, actúen como tal. Vivan su unidad interna.

1) 1 Corintios 1:10—Pablo dice: "Os ruego, pues, hermanos, por el nombre de nuestro Señor Jesucristo, que habléis todos una misma cosa, y que no haya entre vosotros divisiones, sino que estéis perfectamente unidos en una misma mente y en un

mismo parecer". En otras palabras: "Son uno; ahora vivan como tal en la práctica. Compórtense como uno".

2) 2 Corintios 13:11—"Por lo demás, hermanos, tened gozo, perfeccionaos, consolaos, sed de un mismo sentir, y vivid en paz". La unidad es algo en lo que tenemos que trabajar. Posicionalmente somos uno, pero en la práctica hay mucho por hacer. Y debido a que no manifestamos apropiadamente la unidad, el mundo se confunde —Jesús oró para que la iglesia fuera una, para que el mundo supiera que el Padre envió al Hijo (Jn. 17:21). Parte de la confusión del mundo se debe a nuestro fracaso de no vivir nuestra unidad en la práctica.

3) Filipenses 1:27—Debemos estar "firmes en un mismo espíritu, combatiendo unánimes por la fe".

4) Judas 3—"Amados, por la gran solicitud que tenía de escribiros acerca de nuestra común salvación, me ha sido necesario escribiros exhortándoos que contendáis ardientemente por la fe". Aunque compartían una salvación en común, algunos creyentes estaban desviándose de lo que debería haber sido una vida unificada dentro de esa salvación en común. Es muy importante que vivamos nuestra unidad.

3. La unidad defendida

¿Cómo vivimos nuestra unidad? Efesios 4:3 nos da la clave: "Solícitos en guardar la unidad del Espíritu en el vínculo de la paz". Observe que no tenemos que crear la unidad —el Espíritu ya la ha creado; solo tenemos que guardarla. ¿Cómo? Siendo cada uno un pacificador. La unidad del Espíritu es guardada por "el vínculo de la paz" —¿qué es eso? Un pacto que los cristianos deben tener unos con otros para estar en paz. Debemos estar de acuerdo en que no discutiremos ni pelearemos unos con otros, que estaremos en paz. Debemos ser pacificadores —guardando la unidad que el Espíritu ya nos ha dado posicionalmente.

a. La importancia del amor para la unidad

Usted pregunta: "¿Cuál es la esencia de ser un pacificador? ¿Cómo puedo ser un pacificador?". Eso nos lleva a Colosenses 3:12: "Vestíos, pues, como escogidos de Dios, santos y amados, de entrañable misericordia, de benignidad, de humildad, de mansedumbre, de paciencia; soportándoos [o "tolerándose"] unos a otros, y perdonándoos unos a otros si alguno tuviere queja contra otro. De la manera que Cristo os perdonó, así también hacedlo vosotros. Y sobre todas estas cosas vestíos de amor, que es el vínculo perfecto". ¿Cuál es el vínculo de la paz? El amor. El amor es lo que une todo; el amor mantiene “la unidad del Espíritu en el vínculo de la paz”.

Por lo tanto, el Espíritu ya ha creado una unidad básica en la vida de todo creyente. No tenemos que crear esta unidad, pero sí tenemos que guardarla. Y lo hacemos al estar en paz unos con otros, lo cual ocurre solo cuando nos amamos unos a otros.

b. La importancia de la humildad para amar

1) El mantenimiento del amor (Fil. 2:1–8)

Desarrollemos esto más. Filipenses 2:1–8 es una gran ilustración de cómo funciona el amor; comenzando en el versículo 1 Pablo dice: “Por tanto, si hay alguna consolación en Cristo, si algún consuelo de amor, si alguna comunión del Espíritu, si algún afecto entrañable, si alguna misericordia, completad mi gozo, sintiendo lo mismo, teniendo el mismo amor, unánimes, sintiendo una misma cosa”.

¿Qué significa pensar igual, estar “sintiendo lo mismo”? Eso se refiere a la unidad. ¿Y cómo es posible la unidad? Pablo dice: “Sintiendo lo mismo, teniendo el mismo amor”. Pensar igual está basado en tener el mismo amor. Eso significa que la unidad está basada en amar a todos por igual.

Eso podría parecer imposible; ¿cómo puedo amar a todos por igual? Algunas personas son mucho más fáciles de amar que otras, y otras son más merecedoras de mi amor. ¿Cómo puedo amarlas a todas por igual? La respuesta está en los siguientes versículos.

El versículo 2 nos dice que la unidad está edificada sobre el amor y los versículos 3–8 dicen que el amor está edificado sobre la humildad. "Nada hagáis por contienda o por vanagloria; antes bien con humildad, estimando cada uno a los demás como superiores a él mismo" (v. 3). Si usted cree que toda persona en la iglesia de Jesucristo es mejor que usted, su postura automática es que usted tiene que amarlos. El Espíritu nos da unidad posicional, pero debemos mantener esa unidad al estar en paz unos con otros. Y estaremos en paz unos con otros cuando nos amemos unos a otros, y nos amaremos unos a otros cuando nos pongamos en el nivel más bajo y veamos a los demás como mejores que nosotros. Eso es bajar bastante, ¿verdad? Pero de eso se trata.

El versículo 4 continúa: "No mirando cada uno por lo suyo propio, sino cada cual también por lo de los otros". Debemos estar más preocupados por los demás que por nosotros mismos. ¿Quién puede vivir así? Vea los versículos 5–8: "Haya, pues, en vosotros este sentir que hubo también en Cristo Jesús, el cual, siendo en forma de Dios, no estimó el ser igual a Dios como cosa a que aferrarse, sino que se despojó a sí mismo, tomando forma de siervo, hecho semejante a los hombres; y estando en la condición de hombre, se humilló a sí mismo, haciéndose obediente hasta la muerte, y muerte de cruz".

Jesús es la ilustración perfecta de la humildad. "Por amor a vosotros se hizo pobre, siendo rico, para que vosotros con su pobreza fueseis enriquecidos" (2 Co. 8:9). Jesús, aunque es inmensamente más grande que cualquiera de nosotros, no estimó el ser igual a Dios como cosa a que aferrarse. Él voluntariamente se despojó a Sí mismo, tomando forma de esclavo y murió por nosotros. Esa es la mente de la humildad —la mente que dice: "Me voy a sacrificar por ti si eso te beneficia —independientemente de tu mérito".

Cuando usted comienza a ser humilde, entonces comenzará a amar. Y cuando usted comienza a amar, entonces habrá unidad, el vínculo de la paz existirá y usted estará guardando aquello que el Espíritu de Dios desea.

2) La manifestación del amor (1 Jn. 3:11–17)

Usted dice: "Me gustaría ser humilde y amar a las personas, pero ¿cómo se manifiesta el amor? ¿Debo tener la piel de gallina cada vez que pienso en ellos? ¿Tengo que abrazar a todo mundo todo el tiempo? ¿Cómo amo a las personas?". Primera de Juan 3:11–17 define cómo se manifiesta el amor: "Este es el mensaje que habéis oído desde el principio: Que nos amemos unos a otros" (v. 11). ¿Cuál principio? Cuando oyeron el evangelio por primera vez —la tradición del evangelio, desde que lo oyeron, era amarse unos a otros. Eso no solo es un deber, es una prueba de ser un cristiano. El Espíritu Santo produce amor en el creyente, por lo que debe ser ejercido.

En el versículo 12, Juan hace una comparación: "No como Caín, que era del maligno y mató a su hermano. ¿Y por qué causa le mató? Porque sus obras eran malas, y las de su hermano justas". Caín mató a su hermano por una razón: celos. Los celos, que provienen del orgullo, estuvieron detrás del acto de Caín y son característicos de las vidas de los hijos del diablo. Los celos de Satanás lo motivaron a promover la primera rebelión en el cielo. Los celos son propios de Satanás, entonces si existen en su vida, deténgase y considere de dónde vienen.

Pero como usted sabe, los celos no son el paso final. En los versículos 13–15 Juan dice: "Hermanos míos, no os extrañéis si el mundo os aborrece. Nosotros sabemos que hemos pasado de muerte a vida, en que amamos a los hermanos. El que no ama a su hermano, permanece en muerte. Todo aquel que aborrece a su hermano es homicida; y sabéis que ningún homicida tiene vida eterna permanente en él". Los celos conducen al odio y el odio conduce al homicidio. Por tanto, una forma de no amar a las personas es teniendo celos, y eso puede conducir al odio y al homicidio.

La indiferencia es otra forma de no amar. Versículo 16: "En esto hemos conocido el amor, en que él puso su vida por nosotros; también nosotros debemos poner nuestras vidas por los hermanos. Pero el que tiene bienes de este mundo y ve a su hermano tener necesidad, y cierra contra él su corazón, ¿cómo mora el amor de Dios en él?". La falta de amor no solo resulta en homicidio; también produce indiferencia.

> Por ejemplo, si ve a alguien con una necesidad que usted tiene la capacidad de satisfacer, pero no se interesa por ello porque no le importa, eso es indiferencia. En contraste, amar a alguien es satisfacer sus necesidades o incluso poner su vida por esa persona. El amor es sacrificio personal en acción.

Pablo quería ver amor en la iglesia colosense. Él quería verlos unidos en un vínculo de amor, al mantener la unidad que el Espíritu les había dado. La manifestación de esa unidad, que está basada en la humildad, es el sacrificio personal. ¿Cuándo fue la última vez que usted sacrificó algo para satisfacer la necesidad de alguien? ¿La última vez que usted hizo algún tipo de sacrificio por alguien? Cuando eso pasó, esa fue la última vez que usted amó.

Pablo, entonces, está diciendo en Colosenses 2:2: "Mi carga por la iglesia es que sean fuertes de corazón y que estén unidos en amor".

C. **Estables en entendimiento** (vv. 2–5)

El tercer deseo de Pablo por la iglesia es que sean estables en su entendimiento.

1. La fuente de la certeza

Observe la secuencia de Pablo: cuando usted coloca la verdad en su mente y la vive en obras de amor, usted experimentará una confianza y certeza tremendas. ¿Por qué? Porque usted no solo está oyendo y viendo el cristianismo intelectualmente, usted lo está viendo operar. Eso desarrolla confianza. Aquellos que tratan de negar el cristianismo con una variedad de argumentos intelectuales no tienen efecto en mí porque he visto la fe operar en mi vida, el poder de Dios dentro de mí. A partir de la Escritura sé lo que solo Dios puede hacer y he observado a Dios haciendo esa obra.

Muchas personas dudan de su salvación. Puede que conozcan todos los versículos, que hayan leído todos los libros, pero todavía tienen dudas. ¿Sabe por qué? Porque nunca han vivido toda esa información que recibieron, privándose de experimentarla en la práctica. Cuando vivimos en amor, estaremos estables en nuestro entendimiento, el cual nos hará personas de convicción. Eso es lo que Pablo está diciendo en el versículo 2: "Para que sean consolados sus corazones, unidos en amor, hasta alcanzar todas las riquezas de pleno entendimiento".

El "pleno entendimiento" aquí es confianza. Pablo está diciendo: "Quiero que tengan confianza, que estén seguros en sus mentes". Desafortunadamente, muchos cristianos no tienen confianza, no están mentalmente seguros, sino que son "llevados por doquiera de todo viento de doctrina" (Ef. 4:14). Y están en ese estado porque nunca han sido edificados por el amor. Las personas pueden tener el conocimiento de la verdad, pero también necesitan la operación de la verdad. Pablo dice: "Quiero que tengan un entendimiento profundo y gratificante de la verdad espiritual, lo cual incluye vivir su vida de una manera amorosa para que lleguen a estar sólidamente arraigados en el conocimiento de la verdad —establecidos, confiados y teniendo 'las riquezas de pleno entendimiento'".

La certeza viene de aplicar la verdad, de que su vida está tan entregada al patrón de ser fuerte de corazón y unida en amor, que el Espíritu de Dios se manifiesta a usted una y otra vez. Eso es lo que le dará confianza. La verdad encuentra una base sólida en un corazón fuerte, es manifestada en amor por otros creyentes y resulta en una convicción profunda. Una vez que usted recibe la verdad en su mente y la manifiesta en amor obediente a otros, usted adquirirá la convicción estable de que lo que cree es verdad. Por lo tanto, la conducta tiene mucho que ver con fijar la certeza. Toda buena obra y todo acto de amor fija otro clavo. Una vez que la doctrina está en la mente y el amor está siendo manifestado, la certeza estable crecerá.

2. Las riquezas de la certeza

La frase en el versículo 2 "todas las riquezas de pleno entendimiento" está un poco enredada en español. Literalmente dice: "Las riquezas completas del entendimiento estable".

a. Experimentando nuestras riquezas

Usted no disfrutará verdaderamente las riquezas de todo lo que tiene en Cristo a menos que esté totalmente seguro de que le pertenecen. ¿Alguna vez ha contemplado cómo va a ser el cielo? Me emociono simplemente al pensar en el cielo y en el hecho de que es mío. Pero si yo dudara de que llegaré allí, si no tuviera certeza a pesar de lo que sé que la Biblia dice, no podría disfrutarlo. Si yo pensara en que podría perderme el cielo, la promesa del cielo dejaría de ser una de mis riquezas. Experimentalmente me volvería pobre.

Una vez que usted tiene la confianza que viene con un entendimiento estable, usted sabe que es rico. Segunda de Pedro 1:5–7 dice: "Añadid a vuestra fe virtud; a la virtud, conocimiento; al conocimiento, dominio propio; al dominio propio, paciencia; a la paciencia, piedad; a la piedad, afecto fraternal; y al afecto fraternal, amor". Después, el versículo 10 dice: "Tanto más procurad hacer firme vuestra vocación y elección". No afirmárselo a Dios, Él ya está seguro. ¡Firme para usted! Conforme su vida se santifica, conforme su conducta manifiesta lo que hay en su interior, usted obtendrá un entendimiento estable de lo que es suyo y podrá disfrutar la riqueza que le pertenece.

b. Entendiendo la voluntad de Dios

En el versículo 2, "entendimiento" (gr. *synesis*) se refiere a hechos conectados a la conducta. El entendimiento verdadero pertenece únicamente a los cristianos. El "hombre natural no percibe las cosas que son del Espíritu de Dios... y no las puede entender" (1 Co. 2:14). Efesios 4:18 dice que aquellos sin Dios tienen "el entendimiento entenebrecido". Romanos 1 dice que aquellos que no tienen en cuenta a Dios (v. 28) son "necios" (v. 31). Romanos 3:11 dice: "No hay quien entienda". El hombre no regenerado no tiene la verdad conectada a la conducta, por lo que carece de todo entendimiento. Pero a los colosenses —y a nosotros también— Pablo les dice: "Quiero que tengan un entendimiento estable. Quiero que entiendan".

¿Qué quiere Pablo que entendamos? En Efesios 5:17 él dice: "No seáis insensatos, sino entendidos de cuál sea la voluntad del Señor". Dios quiere que usted entienda la revelación de Su voluntad. ¿Y cómo hacemos eso? Cuanto más estudia la Escritura, más se llenará su mente de los principios de Dios. Conforme esos principios en su mente comienzan a controlar su conducta, usted entenderá cuán rico es y podrá disfrutar de la vida cristiana. Las cosas del mundo significarán cada vez menos y usted dejará las cosas que inicialmente no podía dejar. Usted sabrá dónde están las riquezas verdaderas y podrá obedecer con confianza el mandato de Jesús de "haceos tesoros en el cielo... Porque donde esté vuestro tesoro, allí estará también vuestro corazón" (Mt. 6:20–21). Hasta que no tenga un corazón estable, con certeza y confianza en Dios, usted va a seguir aferrándose a algunas cosas del mundo. Pero cuando su mente esté confiada y su conducta solidifique esa confianza, usted tendrá el tipo de certeza que confía en las riquezas verdaderas de Dios para usted.

3. Los medios de la certeza

¿Cómo obtenemos ese tipo de certeza y confianza en Dios? Necesitamos orar por eso. La oración lo mantiene reconociendo su fuente. En Colosenses 1:9 Pablo dice: "Desde el día que lo oímos, no cesamos de orar por vosotros, y de pedir que seáis llenos del conocimiento de su voluntad en toda sabiduría e inteligencia espiritual". Debemos orar para que Dios nos muestre claramente Su voluntad. En 2 Timoteo 2:7 Pablo dice: "Considera lo que digo, y el Señor te dé entendimiento en todo".

Tenemos que reconocer que nuestro

entendimiento, nuestra certeza estable, nuestra confianza vienen de Dios mediante la oración, mediante la Palabra y mediante nuestra obediencia. La carga de Pablo en el versículo 2 es simple: que el creyente tenga la verdad revelada de Dios en su cerebro y que esta verdad sea manifestada amorosamente en su conducta, resultando en una posición estable de certeza confiada en la verdad. Entonces podrá disfrutar de las riquezas que le pertenecen.

4. El contenido de la certeza

¿Y de qué quiere Pablo que tengamos certeza? Vea los versículos 2–3: La "plena seguridad de comprensión, resultando en un verdadero conocimiento del misterio de Dios, es decir, de Cristo [literalmente "el misterio de Dios, Cristo"], en quien están escondidos todos los tesoros de la sabiduría y del conocimiento" (NBLA). Pablo está diciendo: "Quiero que tengan una convicción básica, estable, con certeza — comenzando con el hecho de que el misterio de Dios es Cristo. Tienen que estar convencidos de la deidad y la suficiencia de Cristo. Tienen que estar convencidos de que el Dios invisible se ha manifestado a Sí mismo en el Cristo revelado".

¿Ve usted lo que Pablo está diciendo? Debemos tener una certeza absoluta, inquebrantable de que Cristo es Dios y que Él es suficiente para salvar. Esas son las dos verdades que los falsos maestros en Colosas estaban atacando —la deidad de Cristo y Su suficiencia para salvar. Estaban diciendo que Jesús solo era una emanación buena —una especie de ser angelical o espíritu— y que venir a Cristo para salvación no era suficiente. Ellos creían que Jesús solo era un peldaño en la escalera junto con la sabiduría mística y el conocimiento misterioso. Pablo dice: "No quiero que se alteren por todo eso; quiero que tengan una certeza absoluta, estable, acerca de las riquezas que tienen. Lo primero de lo que tienen que estar seguros es que Cristo es el Dios invisible revelado. Y lo segundo, que Él es suficiente para salvar". Usted no puede dudar en ninguno de esos dos puntos. ¿Tiene usted una certeza inquebrantable de que Jesús es el Señor, de modo que cuando los Testigos de Jehová vienen a su puerta negando la deidad de Cristo, usted les puede ministrar la esperanza verdadera? Es imperativo que usted esté seguro de quién es Jesús.

a. El misterio de Dios

Observe la frase aquí en Colosenses 2:2: "El misterio de Dios el Padre, y de Cristo". ¿Cuál es el misterio de Dios? Primera de Timoteo 3:16 lo explica: "E indiscutiblemente [es decir, ¡no puedes discutir con esto!], grande es el misterio de la piedad: Dios fue manifestado en carne, Justificado en el Espíritu, Visto de los ángeles, Predicado a los gentiles, Creído en el mundo, Recibido arriba en gloria". ¿Qué es "el misterio de la piedad"? ¿Qué es "el misterio de Dios"? Jesucristo mismo. Cada una de esas afirmaciones lo describen a Él: Jesús es Dios manifestado en carne, Su ministerio fue ordenado y vindicado por el Espíritu Santo en Su bautismo, Él fue visto por los ángeles que lo sirvieron y contemplaron, Él fue predicado a las naciones, Él fue creído en el mundo y Él ascendió a la gloria. El misterio de la piedad, el Dios invisible ahora revelado, no es ningún otro que Cristo.

A partir de la confianza estable en que Jesús es Dios y que Él es suficiente, procede toda otra confianza. Si Él es quien dice ser, entonces podemos creer todas Sus promesas hechas a nosotros en Su Palabra. Cuando tenemos una convicción sólida y estable acerca de quién es Él y acerca de Su suficiencia, entonces podemos creer Su legado. Él dice a todo creyente: "El cielo es tuyo y nada vendrá sobre ti que Yo no haya planeado. Voy a suplir todas tus necesidades conforme a Mis riquezas. No tienes que temer nada porque tu vida está en Mis manos y todo está controlado. No te preocupes por esto, eso y aquello porque tengo todo bajo control". Creo esas promesas. Tengo confianza en ellas. Acepto esas riquezas porque conozco a Dios lo suficientemente bien para saber que lo que Él dice es verdad. El punto de Pablo es este: cuando usted tiene una convicción estable acerca de quién es Dios, entonces puede disfrutar sus riquezas. Pero si usted tiene dificultades con creer quién es Jesús, entonces tendrá problemas para creer lo que Él da a cada uno de los Suyos.

b. Los tesoros escondidos

Observe el versículo 3: "En quien [Cristo] están escondidos todos los tesoros de la sabiduría y del conocimiento". ¿Qué significa que esas cosas están escondidas? ¿Tenemos que escarbar para tratar de encontrar los tesoros de la sabiduría y del conocimiento? Esas cosas están escondidas, pero están escondidas de toda persona que no es un cristiano. Esos tesoros están disponibles y listos para todos los que están en Cristo —es como si alguien hubiera destapado una mina de diamantes, haciendo posible que simplemente entremos y recojamos los diamantes. Todos están ahí. Todo lo que usted tiene que hacer es procurar "con diligencia presentarte a Dios aprobado" (2 Ti. 2:15). Todo lo que tiene que hacer es que la "palabra de Cristo more en abundancia en vosotros" (Col. 3:16). Solo comprométase a aplicarse y un tesoro inimaginable será suyo.

La palabra "escondidos" en el versículo 3 es la palabra griega *apokryphos*, de la cual obtenemos "apócrifo". Los falsos maestros en Colosas creían que una gran cantidad de conocimiento escondido era necesaria para la salvación, contenida en libros secretos llamados *apokryphos* los cuales estaban abiertos solo a aquellos con un intelecto superior. Pablo refuta esa herejía al afirmar que solamente en Jesucristo "están escondidos todos los tesoros de la sabiduría y del conocimiento". El día que usted recibió a Cristo es el día que Dios hizo que todas esas riquezas se volvieran suyas. No necesitamos los libros especiales del intelecto superior. No necesitamos la Biblia más alguien o algo. ¿Por qué? La revelación de Cristo es totalmente suficiente. La Palabra de Dios contiene riqueza más que suficiente.

En Efesios 1:17–18, Pablo ora "para que el Dios de nuestro Señor Jesucristo, el Padre de gloria, os dé espíritu de sabiduría y de revelación en el conocimiento de él, alumbrando los ojos de vuestro entendimiento, para que sepáis cuál es la esperanza a que él os ha llamado, y cuáles las riquezas de la gloria de su herencia en los santos". Él ora para que podamos entender la plenitud de lo que Dios tiene para nosotros.

Pablo dice a los colosenses en el 2:2–3: "Quiero que estén estables en estos dos asuntos: en primer lugar, Jesús es Dios. En segundo lugar, Él es todo suficiente. En Él está todo lo que el hombre necesita".

5. Los enemigos de la certeza

¿Por qué Pablo fue tan firme en todo esto? ¿Por qué estaba tan preocupado? Vea el versículo 4: "Y esto lo digo para que nadie os engañe con palabras persuasivas". J. B. Lightfoot traduce este versículo: "No digo esto sin un propósito. Quiero advertirles en contra de cualquiera que quisiera desviarlos mediante argumentos falsos y retórica persuasiva" (*St. Paul's Epistles to the Colossians and Philemon*, [London: Macmillan and Co., 1875], 241). Pablo está diciendo: "No quiero que intercambien riquezas probadas por especulación vacía". Es triste cuando incluso un cristiano escucha alguna de la basura que la gente enseña sobre Cristo. Pablo está diciendo: "Quiero que tengan una convicción estable acerca de Cristo para que nadie los pueda engañar con palabras y argumentos astutos".

El ataque básico de todos los sistemas falsos es negar la deidad de Cristo o Su suficiencia para salvar. Ellos dicen: "Oh sí, Cristo salva —más las obras" o "Cristo no es Dios". Todos los sistemas falsos giran en torno a la negación de una o ambas verdades. Ahí es donde todas las sectas son traídas a la examinación de Dios y condenadas. Cualquier sistema de religión que reduzca la deidad de Cristo o añada algo a Su suficiencia para salvar, pertenece a la actividad engañadora de Satanás. Pablo desea que los colosenses, y todos los cristianos, resistan la enseñanza seductora de ese engañador. Y eso solo puede lograrse al tener convicciones estables —una confianza profunda.

6. Los resultados de la certeza

   En el versículo 5 Pablo dice: "Porque aunque estoy ausente en cuerpo, no obstante en espíritu estoy con vosotros, gozándome y mirando vuestro buen orden y la firmeza de vuestra fe en Cristo". Aunque Pablo no podía estar físicamente presente con ellos, su espíritu estaba con ellos. Y él tenía una confianza feliz debido a su "buen orden" y "firmeza", los cuales eran términos militares.

   a. "Buen orden"

      La palabra "orden" (gr. *taxis*) significa "fila" y se refiere a una fila de soldados. Pablo reconoció a la iglesia colosense por mantener su formación en medio de la batalla; incluso bajo ataque, nadie se había salido de la fila. Es mejor tener precaución que enfrentar muchos problemas, ¿verdad?

b. "Firmeza"

El segundo término militar que Pablo usa para referirse a los colosenses: "Firmeza" (gr. *stereōma*), habla de un frente sólido de soldados, listos para resistir el golpe del ataque. No solo las filas de la iglesia permanecieron inquebrantables, sino que estaban firmes y preparadas para la llegada del ataque; serían capaces de detenerlo. Pablo dice: "Me regocijo porque son obedientes, disciplinados, mantienen la fila y pueden resistir el ataque. Eso me da gozo".

D. Caminando en Cristo (vv. 6–7)

"Por tanto, de la manera que habéis recibido al Señor Jesucristo, andad en él; arraigados y sobreedificados en él, y confirmados en la fe, así como habéis sido enseñados".

¿Qué desea Pablo para la iglesia? Él quiere que sea fuerte de corazón, que esté unida en amor y estable en entendimiento. En cuarto lugar, él quiere que la iglesia esté caminando en Cristo.

1. La explicación (v. 6)

Pablo dice: "Debido a que ahora están estables en Cristo, tienen confianza acerca de Cristo y están firmes en Cristo, entonces sigan andando en Cristo. No duden. No cambien. Debido a que han recibido y declarado a Cristo como

Señor, y debido a que tienen una certeza estable y confiada, sigan andando en Él. No duden".

"Andad" hace referencia a nuestro estilo de vida diario y conducta. Para seguir andando en Él, no cambie su postura de Cristo; no deje que su Cristología titubee. Andar en Cristo significa más que tan solo seguir creyendo algo. Es andar en unión con Cristo, seguir a Jesús, hacer lo que Él haría.

Cuando era pequeño, mi papá me preguntaba: "¿Crees que eso es lo que Jesús hubiera hecho?". Ese siempre es el estándar. No solo debemos mantener la fe continua en Él y la convicción estable, también debemos cultivar una vida que continuamente lo imita. Pablo dice: "Esto es lo que oro por ustedes: si lo han recibido, no lo dejen; caminen como Él caminó".

Primera de Juan 2:6 dice: "El que dice que permanece en él, debe andar como él anduvo". ¿Y cómo fue eso? Él anduvo en amor, en sabiduría, en verdad, en el Espíritu y en santidad. Todo lo que caracteriza el andar del cristiano en Efesios 4 y 5, fue característico primero de Cristo. Cristiano, siga Su ejemplo en su vida. Debo aprender la verdad en mi cabeza, vivirla en mi vida, adquirir una convicción estable de que Jesús es quien dijo ser, y después, establecer como meta en mi vida ser como Él —andar como Él anduvo, hacer que mi vida sea como Su vida—.

2. Los elementos (v. 7)

En el versículo 7, Pablo añade cuatro participios para resumir lo que ha dicho. Los tiempos de los verbos aquí son de vital importancia.

a. "Arraigados"

Este es un participio perfecto pasivo en griego. Quiere decir: "Debido a que ya han sido arraigados en Él, deberían andar en Él". Como un árbol con raíces profundas en tierra rica, extrayendo su nutrición, así el cristiano está arraigado firme y profundamente en Cristo. Cristo es la fuente de vida, sustento, crecimiento y fruto.

b. "Sobreedificados"

Este es un participio presente pasivo, el cual da el significado: "Han sido arraigados en Él y están siendo sobreedificados conforme andan en Él". Usted crece solo cuando hace lo que Cristo haría. Cuando usted hace las obras de la carne, usted se derriba a sí mismo. Pero cuando anda en Él, cuando lo obedece, usted es sobreedificado.

La fuente de esa edificación es la Palabra de Dios. En Hechos 20:32 Pablo dice: "Os encomiendo a Dios, y a la palabra de su gracia, que tiene poder para sobreedificaros". Judas 20 dice: "Pero vosotros, amados, edificándoos sobre vuestra santísima fe". ¿Cómo se puede edificar? Al conocer la Palabra de Dios y la voluntad de Dios, y después, obedeciéndola.

c. "Confirmados en la fe"

Esta frase nos da el resultado. También es un participio presente pasivo —Pablo está diciendo: "Anden en Cristo porque están arraigados en Él. Y conforme andan en Él, Él los sobreedificará y establecerá sólidamente en las cosas en las que han sido enseñados". Dios quiere cristianos que estén establecidos —sólidos, arraigados profundamente y fuertes—, no arrastrados por mentirosos e información falsa. Y esta es la clave: tenga la Palabra en su mente.

Pablo ha cerrado el círculo. Usted comienza al alimentarse de la Palabra, después debe dejar que produzca en usted una obediencia esforzada. Esa obediencia le dará una convicción estable de que Cristo es quien dice ser, para que usted pueda disfrutar todas Sus promesas. Una vez que comienza a caminar paso a paso en Él, usted será sobreedificado y establecido en la fe.

E. Abundando en gratitud (v. 7)

Hay un deseo final que Pablo tiene para la iglesia: que sea fuerte de corazón, unida en amor, estable en entendimiento, caminando en Cristo y finalmente —el final del versículo 7 contiene el último de cuatro participios, el único en voz activa. La frase *abundando en acciones de gracias* es una respuesta a las otras. ¿Cuál debe ser la actitud en la vida de todo cristiano? ¡Gratitud! Debemos estar agradeciendo a Dios constantemente por las riquezas que estamos disfrutando, por la vida que estamos viviendo y por el camino que estamos andando. Debemos estar "abundando en acciones de gracias".

ENFOCÁNDOSE EN LOS HECHOS

1. ¿Qué es la unidad posicional? ¿La unidad práctica? ¿A qué tipo de unidad se está refiriendo Pablo cuando habla de estar "unidos en amor" en Colosenses 2:2?

2. Según Efesios 4:3, ¿cuál es nuestra responsabilidad acerca de la unidad en la iglesia? ¿Cómo se relaciona eso con la esencia de ser un pacificador? ¿Cómo se relaciona eso con ser de un mismo sentir y el amor?

3. ¿Qué comparaciones hace el apóstol Juan en 1 Juan 3:11–17? ¿A qué conclusiones llega en ese mismo pasaje?

4. ¿Por qué es tan importante no solo conocer verdad espiritual, sino vivirla? Según la secuencia de Pablo en Colosenses 2:2, ¿qué ocurrirá una vez que lo haga, en obras de amor?

5. ¿Acaso toda la gente tiene la capacidad de entender la voluntad de Dios? Explíquelo. ¿Qué exhortación adicional da Pablo en Colosenses 1:9 para conocerla?

6. En Colosenses 2:2–3, Pablo dice a los colosenses que deben tener una certeza inquebrantable en ¿qué dos verdades esenciales? ¿Por qué estas dos verdades en particular? ¿Qué produce la confianza estable en esas verdades esenciales?

7. ¿Por qué Pablo dice que todos los tesoros de la sabiduría y del conocimiento están escondidos en Cristo?

8. ¿Qué significa andar en Cristo? Según Colosenses 2:7, ¿qué ocurre en las vidas de aquellos que lo hacen?

PONDERANDO LOS PRINCIPIOS

1. Lea cada uno de los siguientes pasajes y decida cuáles se refieren a la unidad posicional y cuáles a la unidad práctica: Romanos 10:12–13; 12:16; 14:19; 15:5–6; 1 Corintios 1:10; 6:17; 12:13; 2 Corintios 13:11; Gálatas 3:26–28; Efesios 2:13–16; Filipenses 2:2; 1 Pedro 3:8. ¿Por qué nuestra unidad posicional es tan vital para nuestra unidad práctica? ¿Por qué nuestra unidad práctica es tan importante, según las palabras de Jesús en Juan 17:20–23? ¿Qué debe hacer usted, según Mateo 5:23–24, para ser prácticamente uno con todos aquellos a los que Dios le ha unido posicionalmente? Comprométase con ser solícito "en guardar la unidad del Espíritu en el vínculo de la paz" (Ef. 4:3; cp. Col. 3:12–14).

2. En nuestro estudio de Colosenses 2:2–3, explicamos la realidad de que la mayoría de las sectas niegan la deidad de Cristo o Su suficiencia para salvar. ¿Qué versículos usaría usted para mostrar que Jesús afirmó ser Dios? (Vea Mr. 2:5–11; 14:61–64; Lc. 4:12; Jn. 5:17–18, 23–24; 8:58–59; 10:30–33; 14:9; 20:28–29). ¿Qué versículos usaría usted para mostrar que los escritores del Nuevo Testamento creyeron que Él es Dios? (Vea Jn. 1:1; Col. 1:15–17; 2:9; 1 Ti. 3:16; Tit. 2:13; He. 1:8; 2 P. 1:1; 1 Jn. 5:20). ¿Qué versículos usaría usted para mostrar que Jesús es el único camino a Dios? (Vea Jn. 3:36; 14:6; Hch. 4:12; 1 Jn. 5:11–12). ¿Qué versículos usaría usted para mostrar que solo Jesús es suficiente

para salvar —sin obras? (Vea Gá. 2:16; Ef. 2:8–9; 2 Ti. 1:9; Tit. 3:5). Familiarícese con esos versículos y memorice por lo menos uno de cada categoría para que pueda estar firme contra aquellos que traten de engañarlo "con palabras persuasivas" (Col. 2:4).

¿FILOSOFÍA O CRISTO?

INTRODUCCIÓN

A. Filosofía en la historia

1. Su definición

   Colosenses 2:8 dice: "Mirad que nadie os engañe por medio de filosofías". La palabra "filosofía" está formada por dos palabras griegas —*phileō* que significa "amar" y *sophia* que significa "sabiduría", lo cual hace de la filosofía simplemente el amor por la sabiduría. A lo largo de la historia, el hombre ha buscado su fascinación por la sabiduría.

2. Su determinación

La filosofía es el esfuerzo del hombre por descubrir las causas definitivas de la tierra y el universo. A lo largo de la historia del mundo, el hombre ha buscado un entendimiento de qué causó todo lo que es, por qué es lo que es, hacia dónde se dirige, y cuál es su intención y propósito. El hombre ha buscado las razones de la existencia, el propósito de la vida y de todos los fenómenos del universo. Todo es un gran misterio para el hombre.

a. Un sinfín de soluciones

Muchos filósofos diferentes han ofrecido muchas soluciones diferentes. Ha habido decenas de miles de filósofos y una filosofía diferente para cada uno —todos con su propia explicación del universo—.

b. El ministerio del Espíritu

La mayoría de los filósofos niegan la existencia de Dios y aquellos que permiten Su existencia normalmente la permiten como una causa general: que en algún punto, en algún lugar y en algún momento, Dios hizo que todo pasara. Pero la mayoría de ellos lo niegan completamente y tratan de explicar todo en el universo en términos de sus propias racionalizaciones. Todo es muy desesperanzador. Primera de Corintios 2:9–10 dice: "Cosas que ojo no vio [usted no puede descubrir la verdad por el empirismo], ni oído oyó, Ni han subido en corazón de hombre [usted no puede descubrir la verdad por el racionalismo], Son las que Dios ha preparado para los que le aman. Pero Dios nos las reveló a nosotros por el Espíritu; porque el Espíritu todo lo escudriña, aun lo profundo de Dios". La ciencia es empirismo; la filosofía es racionalismo. Y según 1 Corintios 2:9–10, ninguna de las dos jamás descubrirá la verdad definitiva.

3. Su descubrimiento

   a. Al final de sus noventa años, la gran mayoría de los cuales pasó como filósofo, Bertrand Rusell dijo: "La filosofía ha sido un desastre para mí".

   b. Thomas Hobbes fue un famoso filósofo ateo inglés que promovió la psicología materialista y la moralidad utilitaria. Cerca de su muerte, él dijo: "¡Estoy a punto de dar un salto a la oscuridad! Me alegraré de encontrar un agujero por donde escapar del mundo".

   c. David Hume, el filósofo deísta escocés, era inmoral, indecente y deshonesto. Sus biógrafos nos dicen que fue un maestro de la inmoralidad y un negador de Dios. Su muerte fue trágica. Uno de sus ayudantes dijo que agonizó al punto de que su cama se sacudió.

> Él demandó que las velas fueran encendidas toda la noche y que nunca fuera dejado solo por un momento. Sus labios estuvieron llenos de palabras de remordimiento hasta que murió.

Los mismo ocurre con los filósofos y otros que quieren eliminar a Dios y, en sus propias mentes y por su propio esfuerzo humano, tratan de descubrir la verdad.

B. Filosofía en Colosas

Como toda sociedad, la ciudad de Colosas tenía sus filósofos. Y la pequeña asamblea de creyentes en la iglesia de Colosas estaba en peligro de ser cautivada, infiltrada y engañada por ellos.

1. La ciudad de Colosas

   Colosas era una ciudad pequeña en un grupo de tres, incluyendo a Hierápolis y la más conocida Laodicea (Ap. 3:14), en la antigua Asia Menor, aproximadamente a ciento sesenta kilómetros de Éfeso. Hasta donde sabemos, cada ciudad tenía una iglesia; ciertamente Colosas la tenía. Colosas era una típica ciudad pagana que estaba ocupada por los griegos, los romanos y una población de judíos que habían dejado su tierra.

2. La iglesia en Colosas

   a. Los encuentros pasados de Pablo

Pablo había estado en Éfeso por tres años, durante los cuales fue decisivo para fundar la iglesia allí, junto con otras iglesias en Asia Menor. Todas las que son mencionadas en Apocalipsis 2 y 3 probablemente estuvieron entre esas, junto con otras como la iglesia en Colosas. Epafras vino a Cristo bajo el ministerio de Pablo en Éfeso (Col. 4:12), después regresó a Colosas y fundó la asamblea colosense.

Seis años después, Pablo había dejado Éfeso y pasó un invierno en Grecia, durante el cual escribió las cartas a los Romanos y a los Corintios. Después regresó a Jerusalén con una ofrenda para los santos necesitados, pero fue arrestado inmediatamente, llevado a Cesarea y dejado en prisión hasta que fue trasladado a Roma para esperar el juicio.

b. La epístola actual de Pablo

Ahí es donde retomamos la historia. Epafras visita a Pablo en la cárcel y descarga su corazón acerca de la situación en la iglesia colosense. Pablo entonces lo envía de regreso con esta carta. El reporte de Epafras era primordialmente positivo porque no había ningún desertor serio entre la congregación. Aun así, Pablo les advierte que no permitan que alguna falsa enseñanza o falsa filosofía infiltre su asamblea. Colosas tenía falsos maestros y filósofos con su sabiduría humana rondando a la puerta de la iglesia. Estaban listos para entrar y luchar por el control.

Esto siempre debe ser esperado. La iglesia en toda ciudad, cultura, país y siglo, tendrá que pelear para mantenerse fiel a la pureza doctrinal. Tendrá que pelear por mantener su equilibrio espiritual. Siempre tendrá que defenderse a sí misma contra los falsos maestros y tendrá que mantener la verdad —porque Satanás siempre se esforzará por derribar a la iglesia para que caiga en la falsa doctrina. Esa es la gran preocupación de Pablo y se volvió el corazón de su carta a los colosenses.

1) El corazón

El corazón de esta epístola se encuentra en el capítulo 2, versículos 8–23, y contiene el mensaje primordial de Pablo para esta congregación. Es aquí donde él trata directamente con la falsa enseñanza que está justo afuera y está amenazando a la iglesia en Colosas.

2) El cuerpo

Pablo ya ha confirmado la verdad referente a Cristo en la gran sección doctrinal: el capítulo 1, versículo 15, hasta el capítulo 2, versículo 7, presenta la doctrina de

Jesucristo y la salvación por medio de Él. Los primeros catorce versículos de Colosenses fueron la introducción. La sección intensamente práctica —que trata con lo que debe caracterizar las vidas de los creyentes— está en el capítulo 3, versículo 1, hasta el capítulo 4, versículo 6, seguido por algunas palabras personales para cerrar la epístola. En medio de las secciones doctrinal y práctica está lo que llamo la sección polémica —lo cual significa una disputa; este es el argumento principal del libro. Pablo dice: "He hablado acerca de Cristo, he hablado acerca de la salvación; hablaré acerca de su vida práctica. Pero ahora, déjenme atacar a esos falsos maestros". Y eso es lo que él hace en el corazón de la carta.

3. El conflicto en Colosas

   a. Los elementos de la falsa enseñanza

   Es difícil identificar la herejía que amenazó a los colosenses porque Pablo nunca la nombra oficialmente. Pero sabemos que tenía cuatro elementos:

   1) Filosofía (esto es, humanismo; vv. 8–15)

   2) Legalismo (vv. 16–17)

   3) Misticismo (vv. 18–19)

4) Ascetismo (vv. 20–23) —Esto implicaba un estilo de vida de falsa humildad, en el que un individuo se retira de los patrones normales de la vida, como un ermitaño o un monje.

Los colosenses enfrentaron un conglomerado de filosofía humana, legalismo, misticismo y ascetismo. Es probable que esta falsa enseñanza viniera de los esenios —una comunidad de judíos que se ajustaba a estos patrones— pero pudo haber sido otra secta que incluía todas estas herejías.

b. Las exhortaciones de Pablo

1) Positivas

Pablo ya ha llamado a los colosenses a mantener una lealtad absoluta a Jesucristo. En el capítulo 2, versículos 1–7, él dice, en resumen: "Tengo un gran conflicto por ustedes y quiero que se aferren a Cristo, la verdad acerca de Cristo y todo lo que está en Él —los tesoros de la sabiduría y del conocimiento". Él hizo la gran declaración positiva de que quería que ellos se comprometieran con lealtad absoluta a Cristo.

2) Negativas

Pablo después pasa a lo negativo —lo que

él quería que evitaran— en los versículos 8–23. Aquí está la polémica; aquí está el argumento.

a) La afirmación de los falsos maestros

Los falsos maestros afirmaban tener un conocimiento superior. Afirmaron eso durante los primeros años de la iglesia y continúan afirmando eso en la actualidad: "Sabemos lo que ustedes no saben. Tenemos un sistema que es superior al de ustedes. Tenemos un conocimiento y un entendimiento más profundo que el de ustedes —un sistema más elevado y verdadero". Desde el comienzo de la iglesia han dicho: "Tenemos un *gnōsis* superior (la palabra griega para conocimiento), un conocimiento superior, una revelación superior, un entendimiento superior de la verdad de Dios".

b) El contrataque de Pablo

En esta sección Pablo refuta esa falsa enseñanza. Él dice que no hay una verdad más elevada; no hay un conocimiento más noble; no hay un entendimiento más grande; y que no hay una revelación superior, sin importar lo que afirmen los falsos maestros.

Contra la afirmación atractiva de que esta nueva enseñanza ofrecía una sabiduría superior, Pablo enfatizó que "todos los tesoros de la sabiduría y del conocimiento" están en Cristo (Col. 2:3). Contra la doctrina de los *eones* (una serie de emanaciones, seres espirituales intermediarios mediante los cuales la esencia divina fue distribuida hasta que finalmente alcanzó al hombre en una forma diluida), Pablo presenta a Cristo como la única encarnación de la plenitud de Dios (v. 9). No hay *eones* ni otros seres angelicales entre nosotros y Dios, mediante los cuales Dios filtra Su personalidad; solo hay una representación de Dios para la humanidad: Jesucristo. Contra la idea de que los hombres deben adorar a esos espíritus intermediarios para acercarse a Dios a través de ellos, Pablo muestra que no son más que demonios que han sido conquistados por Cristo — versículo 15: "Despojando a los principados y a las potestades". Y contra la idea del ascetismo pecaminoso, de abnegación y falsa humildad, Pablo muestra que ya no estamos sujetos a ninguna cosa carnal debido a que hemos llegado a conocer a Cristo.

Hemos entrado a una dimensión espiritual, por lo que las abstinencias carnales tienen poca importancia.

En el contrataque de Pablo vemos un ejemplo excelente de cómo enfrentar la herejía. Pablo está arremetiendo contra estas cuatro áreas de herejía que amenazaron a la asamblea colosense. Pero observe que su ataque no es una denuncia amarga —él no nombra la herejía y después la despedaza parte por parte. No es una explicación detallada de la enseñanza falsa; no es una explosión ardiente contra la herejía. Es una afirmación positiva de la verdad. Pablo afirma positivamente la verdad una y otra vez. Charles Erdman dice: "Cuando llega al corazón mismo de su carta, el apóstol se refiere con tanta elocuencia a la deidad de Cristo y a la dignidad y plenitud de los creyentes, que el lector se queda con cierta incertidumbre acerca del sistema exacto de error contra el cual los colosenses debían estar en guardia" (*The Epistles of Paul to the Colossians and to Philemon: An Exposition* [Philadelphia: The Westminster Press, 1933], 66). El punto es obvio: si usted conoce la verdad, cualquier sistema de error va a colapsar frente a la verdad. Entonces es vital que Pablo presente la verdad.

Y él lo hace para enfrentar estos cuatro elementos: filosofía, legalismo, ascetismo y misticismo. Veremos cada elemento, comenzando con la filosofía.

LECCIÓN

I. FILOSOFÍA (COL. 2:8–15)

Conforme vemos estos versículos, vemos dos puntos contrapuestos: estar capturado por la filosofía versus estar completo en Cristo. Esta es la historia de toda persona, la opción de toda persona —porque toda persona está capturada por la filosofía humana, la sabiduría humana, la razón humana y la lógica humana; o está completa en Cristo. Todo ser humano vive por la sabiduría del hombre o por la de Dios.

A. Capturados por la filosofía (v. 8)

> "Mirad que nadie os engañe por medio de filosofías y huecas sutilezas, según las tradiciones de los hombres, conforme a los rudimentos del mundo, y no según Cristo".

1. El llamado a la vigilancia

Esencialmente, la advertencia de Pablo es: "Cuidado, no sea que ustedes que fueron rescatados del dominio de las tinieblas y ya han sido transferidos al reino del amor del Hijo de Dios, sean llevados cautivos y sean esclavizados otra vez". Esa advertencia es similar a la de Gálatas 5:1: "Permanezcan firmes, y no se sometan otra vez al yugo de esclavitud" (NBLA). No se vuelvan a enredar en el yugo de esclavitud; no regresen a un sistema humano anterior —en ese caso, el legalismo; aquí en Colosenses, la filosofía o sabiduría humanas.

La advertencia de Pablo se presenta con un llamado a la vigilancia —una consciencia constante, en tiempo presente y vigilancia constante— para que no sean desviados. La iglesia siempre está sitiada por los falsos maestros.

a. La advertencia del Señor

1) Mateo 7:15—"Guardaos de los falsos profetas, que vienen a vosotros con vestidos de ovejas, pero por dentro son lobos rapaces".

2) Mateo 16:6—"Y Jesús les dijo: Mirad, guardaos de la levadura de los fariseos" —que era el legalismo.

b. La advertencia de Pablo

1) Hechos 20:29–31—"Porque yo sé que después de mi partida entrarán en medio de vosotros lobos rapaces, que no perdonarán al rebaño. Y de vosotros mismos se levantarán hombres que hablen cosas perversas para arrastrar tras sí a los discípulos. Por tanto, velad".

2) Filipenses 3:2—"Guardaos de los perros, guardaos de los malos obreros, guardaos de los mutiladores del cuerpo [el grupo de la mutilación, los que quieren circuncidar]".

c. La advertencia de Pedro

Segunda de Pedro 3:17: "Guardaos, no sea que arrastrados por el error de los inicuos, caigáis de vuestra firmeza".

Jesús dijo: "Cuidado". Pablo dijo: "Cuidado". Pedro dijo: "Cuidado". Y nosotros debemos corresponder al eco de: "Cuidado". Siempre habrá un esfuerzo por alejarlo a usted de la verdad. Entonces, ¿de qué debemos específicamente tener cuidado y cómo debemos hacerlo?

2. El cuidado de la vigilancia

a. El modo de la captura

El versículo 8 dice: "Miren que nadie los haga cautivos" (NBLA). El verbo es una palabra combinada. Está formada por las palabras griegas *agō*, que significa "transportar", y *sylaō*, que significa "botín" —el botín o lo que es saqueado al ser tomado en un robo o en una guerra. Se utilizó en escritos griegos tardíos, no bíblicos, para hablar de secuestrar, saquear una casa o violar a una doncella. Pablo está diciendo: "No dejen que nadie los secuestre con sus enseñanzas falsas, no dejen que nadie robe su tesoro de verdad. Existe un peligro real de que alguien haga que ustedes sean su presa, los transporte y los lleve como a un cautivo de guerra". Esto es lo que Pablo les está advirtiendo.

Es impensable que aquellos que han sido rescatados, redimidos, liberados, pudieran llegar a someterse otra vez a esa esclavitud antigua. De vez en cuando, conozco a alguien que me dice: "Yo iba a la iglesia. Nos fuimos porque descubrimos que no tenía la verdad". Con frecuencia, las personas dicen que han encontrado la verdad, cuando la realidad es que han abandonado la verdad para ser esclavizadas por la sabiduría humana.

b. El medio de la captura

¿Cómo es que van a engañarlo? El versículo 8 dice: "Estén atentos continuamente para que no los lleven como botín mediante la filosofía e incluso el engaño vano". La filosofía es el engaño vano y el medio de capturar a las personas. Es conocimiento y teoría que se oyen muy elevados, pero todo es humano.

1) Los detalles de la filosofía

a) Su definición

La filosofía es sabiduría humana — sabiduría humana que suena como si fuera divina, sabiduría humana que se supone que es más grande que cualquier cosa que jamás haya escuchado. Esto es lo que las sectas siempre ofrecen: "No sabes la verdad hasta que sepas lo que nosotros sabemos". El historiador Adolf Schlatter dijo: "A todo lo que tenía que ver con las teorías acerca de Dios y del mundo y el sentido de la vida humana se le llamaba 'filosofía' en esa época, no solo en las escuelas paganas sino también en las escuelas judías de las ciudades griegas" (*Erläuterungen zum Neuen Testament*, Teil 7 [Stuttgart, 1963], 275, citado por F. F. Bruce, *Las Epístolas a los Colosenses, a Filemón y a los Efesios* [Plano, TX: Fundación Hurtado, 2021], 89). Es decir, el término *filosofía* se usaba para toda teoría acerca de Dios y del mundo en esa época. Era el término común. De modo que cualquiera que tuviera una nueva teoría acerca de Dios o acerca del mundo —su origen, su significado, su destino— era considerado un filósofo con una filosofía.

Josefo, el historiador de aquella época, ha mostrado que cualquier sistema elaborado de pensamiento y disciplina moral era llamado filosofía. Él dice: "Había entre los judíos tres escuelas de filosofía: unos seguían a los fariseos, otro a los saduceos, y el tercero... era la de los esenios" (*Las guerras de los Judíos* [Barcelona: CLIE, 2013], 115). Eso nuevamente me lleva a pensar que los esenios pudieron haber estado propagando su filosofía en Colosas.

b) Su descripción

Esta filosofía era una mentira que Pablo llamó "huecas sutilezas". La filosofía son huecas sutilezas —no le da lo que usted espera. Es como un anzuelo con carnada. Usted piensa que va a ser maravilloso, pero resulta ser un engaño; a pesar de sus declaraciones, la filosofía es una ilusión vacía. Esa es la razón por la que Bertrand Russell dice que es un desastre, por eso Hobbes y Hume yacen en su lecho de muerte aterrorizados y sin respuestas. La filosofía suena

> bien; seduce la mente porque facilita la soberbia, pero engaña. La verdad solo está en la revelación, y Dios ha hablado definitiva y claramente en Jesucristo. No hay valor en la filosofía humana especulativa.
>
> Herbert Carson tiene una buena advertencia: "Esto no significa que deba venir con una fe ciega que no razona. Pero sí significa que, en lugar de traer presuposiciones filosóficas que afectarán su estudio de la Escritura y condicionarán su interpretación, venga como alguien consciente de la finitud de su intelecto, y consciente de que su mente también está afectada por su naturaleza pecaminosa. De esta manera, está dispuesto a ser enseñado por el Espíritu Santo y reconoce que es la Palabra de Dios en lugar de su propia razón, la que determina en última instancia la verdad" (*The Epistles of Paul to the Colossians and Philemon* [Grand Rapids: Eerdmans, 1976], 62).

Pablo dice: "Cuidado con la filosofía. Cuidado con las teorías humanas acerca de Dios y acerca del mundo. Aférrese a la verdad completa, la Biblia".

2) La fuente de la filosofía

¿De dónde vienen las filosofías humanas? Pablo da dos fuentes en el versículo 8: "Según las tradiciones de los hombres [primera fuente], conforme a los rudimentos del mundo [segunda fuente], y no según Cristo".

a) Tradición

La tradición es la fuente más común de la filosofía porque cita el consenso general a lo largo del tiempo. Pero eso simplemente perpetúa patrones de pensamiento humanos inadecuados y depravados. Solo porque algo es transmitido no significa que es verdad. Si hay error desde el principio y se transmite, todavía sigue siendo error.

Pablo está diciendo que la filosofía sigue la tradición de los hombres. Un estudio de la filosofía revela que casi todos los filósofos se basan en otros filósofos, en una secuencia que fluye a lo largo de la historia de la filosofía. Un filósofo desarrolla un pensamiento hasta cierto punto, después otro filósofo corta un poco de su pensamiento y lo desarrolla más, y así sucesivamente. Gran parte de la filosofía de nuestro día está arraigada en Aristóteles y Platón; todo es una variación en el flujo de las tradiciones del hombre. Los errores son perpetuados.

i) Los judíos

Cuando Jesús vino a la tierra, los judíos habían desarrollado una monstruosidad de filosofía en forma de tradición. Ya no podían distinguir entre las tradiciones de los hombres y la Palabra de Dios. “Le preguntaron, pues, los fariseos y los escribas: ¿Por qué tus discípulos no andan conforme a la tradición de los ancianos?” (Mr. 7:5). Habían desarrollado un sistema sofisticado basado en la tradición. En los versículos 8 y 9 Jesús dice: “Dejando el mandamiento de Dios, os aferráis a la tradición de los hombres... Bien invalidáis el mandamiento de Dios para guardar vuestra tradición”. No hay nada sagrado en la tradición —solo es ignorancia humana perpetuada.

ii) Los gentiles

Los gentiles también tenían sus propias tradiciones para transmitir sus filosofías antiguas. Primera de Pedro 1:18 dice: “Fuisteis rescatados

> de vuestra vana manera de vivir, la cual recibisteis de vuestros padres, no con cosas corruptibles, como oro o plata". Todos somos víctimas del error heredado. Un día, uno de mis hijos llegó a casa de la escuela y dijo: "Oye papá, no venimos de los monos, ¿verdad?". Le dije que no. Después él dijo: "Pero todo mundo dice que venimos de los monos y el libro dice que venimos de los monos. Cuando le pregunté a la maestra por qué todo mundo dice que venimos de los monos, ella dijo: 'Eso es lo que los científicos siempre han creído'". Esa es una buena prueba de que no importa cuán inteligente sea, sin Dios y Su revelación usted nunca pasará del error a la verdad.

Entonces, ¿de dónde viene la filosofía? Viene de todas las filosofías anteriores.

b) Rudimentos del mundo

La segunda fuente de la filosofía viene de un término difícil de determinar porque hay varias posibilidades. Pero generalmente Pablo tenía en mente:

i) Principios elementales

En su sentido literal, el término se refiere a los elementos básicos del aprendizaje, como los abc —literalmente "cosas en una columna" o "cosas en una fila" (p. ej.: 1, 2, 3, o a, b, c). Pablo dice que esos son los principios rudimentarios de la instrucción para la niñez y no son adecuados para adultos maduros.

El pensamiento de Pablo es este: regresar a la filosofía sería desechar la enseñanza madura de la Biblia por las opiniones infantiles y empobrecidas de una religión inmadura que toma su existencia de este mundo y no de Dios. Gálatas 4:3 usa la misma fraseología: "Nosotros, cuando éramos niños, estábamos en esclavitud bajo los rudimentos del mundo [la enseñanza elemental de la religión humana]" (cp. He. 5:12). Ahí Pablo se estaba refiriendo a la religión de los judíos; en Colosenses se refiere a las religiones de los gentiles. ¿Y cuál es la enseñanza elemental de toda religión humana? Que la salvación es por obras. ¿De dónde viene esa filosofía? De la tradición —el error perpetuado— y de la religión infantil, básica del hombre. No es un conocimiento espiritual avanzado, profundo, nuevo. Las personas realmente avanzadas son aquellas que conocen la Palabra revelada de Dios.

ii) Espíritus elementales

El primer significado probablemente es el que Pablo tenía en mente, pero la frase "rudimentos del mundo" tenía un segundo significado posible en el mundo antiguo. También podía referirse a espíritus elementales —seres espirituales. Las personas de aquella época asociaban los espíritus con las estrellas y los planetas, y estaban muy involucradas en la astrología. Es sorprendente que las personas en la actualidad piensen en la astrología como algo nuevo, cuando son las mismas cosas viejas elementales del mundo.

Julio César era un aficionado a la astrología que rigió toda su vida por lo que le decían las estrellas. Alejandro Magno gobernó su vida de la misma manera; ambos fueron creyentes devotos en la influencia de las estrellas. La gente que creía en esos espíritus elementales estaba bajo el dominio de un rígido tipo de determinismo e imaginaba que la influencia de esos espíritus dominaba sus vidas.

Se decía que solo había una manera de escapar, que uno era un prisionero absoluto de las estrellas y los espíritus, a menos que conociera las contraseñas o fórmulas correctas para escapar de su fatalismo. Había que tener un conocimiento secreto —una enseñanza secreta. Vinieron los falsos maestros que decían: "Tenemos la enseñanza secreta que puede aliviarte del determinismo fatalista de las estrellas. Jesucristo no lo puede salvar de los espíritus en las estrellas y los planetas; tenemos la información secreta para eso". Algunas de las personas en la iglesia colosense probablemente habían estado involucradas en ese tipo de sistema. E incluso cuando fueron salvados de ese sistema, pudieron haber tenido la tentación persistente de preguntar: "¿Qué tal si estos maestros tienen razón?".

Pero Pablo les advirtió (y a nosotros) que estuvieran constantemente conscientes de la tradición humana. Es una ignorancia perpetua —una religión humana del pasado, infantil e inadecuada siendo revivida. Tenemos a Cristo, Él es suficiente.

B. Completo en Cristo (vv. 9–15)

1. La base de estar completo (vv. 9–10)

"Porque en él habita corporalmente toda la plenitud de la Deidad, y vosotros estáis completos en él, que es la cabeza de todo principado y potestad".

Usted no necesita ser capturado por la filosofía —usted está completo en Cristo—. Usted puede desechar la filosofía humana, todas las religiones tradicionales del mundo, y todas las formas y teorías hechas por el hombre.

a. La realidad de la deidad

"Habita" en el versículo 9 es tiempo presente continuo: "En Él todavía habita". Jesucristo todavía es la plenitud de la Divinidad. La palabra para "Deidad" es la palabra para la esencia de la deidad. Jesucristo todavía es la plenitud de la Deidad, como en Colosenses 1:19: "Por cuanto agradó al Padre que en él habitase toda plenitud". Toda la plenitud (gr.

plērōma) de Dios habita corporalmente. El versículo 9 puede ser la afirmación más grande de la deidad de Jesucristo en cualquiera de las epístolas: "En Él habita continuamente (no viene y se va como enseñaban los gnósticos) toda la plenitud (gr. *plērōma*) de la Deidad en un cuerpo". Es innegable.

b. El resultado de la realidad

¿Cuál es el resultado de esa realidad para nosotros? Usted no necesita la filosofía porque el versículo 10 dice: "Y vosotros estáis completos en él, que es la cabeza de todo principado y potestad [todos los otros seres espirituales o angelicales]". Su plenitud es impartida a nosotros. Los mismos términos son usados: Él es el *plērōma* de Dios y nosotros somos *plērōma* en Él. Dios se pasa a Sí mismo a nosotros mediante Cristo. Ustedes están completos en Él, eso está en tiempo perfecto: hemos sido completados en Él con resultados eternos.

1) Incompleto en la caída

En la caída del hombre, entramos en un triste estado de total corrupción e incompletitud. Una persona no salva está espiritualmente incompleta porque está totalmente fuera de comunión. Está moralmente incompleta porque no tiene un estándar de conducta, y aunque lo tuviera, no podría vivir según él. Y está mentalmente incompleta porque es incapaz de conocer la verdad. La influencia corruptora del pecado afecta todo.

2) Completo en la salvación

Pablo dice que Jesucristo es la respuesta: "Y vosotros estáis completos en él". Pedro dice: "Llegaseis a ser participantes de la naturaleza divina" (2 P. 1:4). Piénselo — usted se ha vuelto un participante de la naturaleza divina. En la salvación, una persona instantáneamente se vuelve espiritualmente completa y tiene comunión con Dios, la vida de Dios ahora está en la persona. Se vuelve moralmente completa, no porque sea perfecta en la práctica, sino porque reconoce la autoridad de la voluntad de Dios. Ahora tiene un estándar y el poder del Espíritu Santo que le da la fortaleza para obedecer. Y está mentalmente completa, no en el sentido de saberlo todo, sino de tener la verdad y al maestro residente de la verdad —el Espíritu Santo. Los cristianos son partícipes de la vida divina. ¡Qué verdad tan increíble!

Cuando usted se volvió cristiano, recibió todo lo que necesitaba. Segunda de Pedro 1:3 dice que tenemos "todas las cosas que pertenecen a la vida y a la piedad". A usted no le hace falta ningún conocimiento superior. Usted no necesita las palabras de Mary Baker Eddy o José Smith. Usted no necesita las palabras de Annie Besant, Madame Blavatsky, el Juez Rutherford o cualquier otro. Usted no necesita al Sr. y a la Sra. Filmore o a Sun Myung Moon para añadir a lo que tiene. Usted está completo en Él.

La plenitud del cristiano es total, su búsqueda de la verdad ha terminado. Usted nunca necesitará nada fuera de Jesucristo. Toda persona tiene una opción: la filosofía humana, la cual lo capturará y lo llevará a una sentencia espiritual, moral y mental de condenación; la sabiduría humana, la cual parece ser tan alta y sublime, pero no es nada más que la tradición antigua de religión humana transmitida a lo largo de los siglos. O puede venir al Salvador y ser liberado de este mundo mediante la obra transformadora de regeneración, para llegar a ser espiritual, moral y mentalmente completo en Cristo. Como dice una canción que me encanta: "Él es todo lo que necesito. Él es todo lo que necesito. Jesús es todo lo que necesito".

ENFOCÁNDOSE EN LOS HECHOS

1. ¿Qué esfuerzo del hombre representa la filosofía? ¿Conseguirá alguna vez su propósito?

2. ¿Cómo puede dividirse el libro de Colosenses? ¿Cuál es el corazón de esta epístola? ¿Por qué es el corazón?

3. ¿Qué afirmaron los falsos maestros durante los primeros años de la iglesia? ¿Cuándo puede la iglesia dejar de combatir esta enseñanza?

4. Describa el contenido y el método del contrataque de Pablo a las afirmaciones de los falsos maestros. ¿Cuál es el punto de utilizar este tipo de método?

5. ¿Qué contraste presenta Colosenses 2:8–15?

6. ¿Cuál es la esencia de la advertencia de Pablo a los colosenses que se registra en el versículo 8? ¿Cómo es que la iglesia debe mantener esto con respecto a los falsos maestros? ¿Por qué?

7. ¿Qué significa "os engañe"? ¿Cuál es el medio para engañar a las personas y alejarlas de la verdad? ¿Qué frase específica usa Pablo para describir la naturaleza de la filosofía?

8. ¿Qué hace que la tradición persista? Mencione dos ejemplos.

9. ¿Cuáles son los dos significados posibles de la frase "rudimentos del mundo"? Explique ambos.

10. ¿Qué versículo describe la deidad de Jesucristo? ¿Qué dice acerca de Él?

11. Explique cómo los cristianos han sido hechos completos en Cristo. ¿Qué nos ha transmitido Dios?

PONDERANDO LOS PRINCIPIOS

1. ¿Qué tan bueno es usted para defenderse en contra de los falsos maestros y las falsas enseñanzas? Es vital que usted conozca la verdad porque cualquier sistema de error colapsará frente a la verdad. El apóstol Juan presentó tres pruebas para distinguir a un creyente verdadero de uno falso en 1 Juan 2:3–6, 7–11, 18–27; 4:1–6 y 7–12. Dos están combinadas en el 4:13–21, y las tres se encuentran en el 5:1–5. Busque todos esos versículos. ¿Cuáles son las tres pruebas? ¿Cómo podría usted aplicar esas pruebas? Pídale a Dios que le ayude a distinguir lo verdadero de lo falso.

2. Pablo advierte repetidamente a los colosenses que no vuelvan a ser esclavizados como cautivos después de haber sido rescatados del dominio de las tinieblas. Busque los siguientes versículos: Mateo 7:15; 16:6; Hechos 20:29–31; Gálatas 4:9; 5:1; 2 Pedro 3:17. ¿Ha sido tentado a regresar al yugo antiguo de la esclavitud? Si ha sido tentado, ¿qué dice Gálatas 5:1 que debemos hacer? Según Mateo 11:28–30, ¿cuál es el yugo que Jesucristo quiere que llevemos? Pregúntese, como Pablo lo hace, por qué querría regresar a las cosas débiles, sin valor y elementales, ahora que se le ha dado el yugo de Cristo (Gá. 4:9).

3. A todo cristiano se le ha dado "preciosas y grandísimas promesas, para que por ellas llegaseis a ser participantes de la naturaleza divina" (2 P. 1:4). ¿Qué significa ser participante de la naturaleza divina?

Busque los siguientes versículos: Juan 1:12–13; 2 Corintios 3:18; Efesios 4:23–24; Colosenses 3:10; Hebreos 12:10; 1 Juan 3:2. ¿Qué es la naturaleza divina? ¿Por qué hemos llegado a ser partícipes de ella? ¿Cuáles son los pasos prácticos que necesita dar en su propia vida para asegurarse de que usted es un partícipe de ella? (Vea 2 P. 1:5–11).

COMPLETO EN CRISTO

INTRODUCCIÓN

Colosenses 2:10–15 dice: "Y vosotros estáis completos en él, que es la cabeza de todo principado y potestad. En él también fuisteis circuncidados con circuncisión no hecha a mano, al echar de vosotros el cuerpo pecaminoso carnal, en la circuncisión de Cristo; sepultados con él en el bautismo, en el cual fuisteis también resucitados con él, mediante la fe en el poder de Dios que le levantó de los muertos. Y a vosotros, estando muertos en pecados y en la incircuncisión de vuestra carne, os dio vida juntamente con él, perdonándoos todos los pecados, anulando el acta de los decretos que había contra nosotros, que nos era contraria, quitándola de en medio y clavándola en la cruz, y despojando a los principados y a las potestades, los exhibió públicamente, triunfando sobre ellos en la cruz". Ese pasaje está cargado de teología y doctrina, y nos esforzaremos por examinar detenidamente todo lo que contiene.

En nuestro estudio de Colosenses, hemos llegado a ver que el apóstol Pablo está haciendo una afirmación tremenda acerca de la persona de Jesucristo y Su capacidad para salvar. Eso no es menos cierto en esta sección. Aunque es una refutación de la filosofía falsa y las herejías que estaban justo a la puerta de la iglesia colosense, es una refutación positiva. Al confrontar los sistemas falsos, Pablo siempre los abordó de manera positiva —el método más eficaz para argumentar contra la falsedad de un sistema es presentar la verdad de Jesucristo. Y así es precisamente como Pablo refutó la filosofía humana.

Nuestra última lección cubrió los versículos 8 al 10, en donde Pablo dice: "Mirad que nadie os engañe por medio de filosofías y huecas sutilezas" (v. 8). Pablo está argumentando en contra de las cuatro facetas de la falsa herejía que estaba atacando a los colosenses. La primera faceta es la filosofía humana, y en medio de esa explicación, Pablo profundiza en quién es Cristo y en lo que Él puede hacer. Pablo quiere dejar claro que no necesita ninguna filosofía o sabiduría humana; usted está completo en Él. Esa es la gran verdad que comunica en el versículo 10.

A. El ministerio de sanidad física del Señor

Para situar nuestros pensamientos, ponga atención

en el ministerio de sanidad de nuestro Señor, el cual ilustra un gran principio acerca de la salvación.

1. Realizados por el Señor

   a. Mateo 15:28, 31—"Entonces respondiendo Jesús, dijo: Oh mujer, grande es tu fe; hágase contigo como quieres. Y su hija fue sanada desde aquella hora... De manera que la multitud se maravillaba, viendo a los mudos hablar, a los mancos sanados, a los cojos andar, y a los ciegos ver; y glorificaban al Dios de Israel".

   b. Marcos 3:5—"Entonces, mirándolos alrededor con enojo, entristecido por la dureza de sus corazones, dijo al hombre: Extiende tu mano. Y él la extendió, y la mano le fue restaurada sana".

   c. Marcos 5:28, 32, 34—"Porque decía: Si tocare tan solamente su manto, seré salva... Pero él miraba alrededor para ver quién había hecho esto... Y él le dijo: Hija, tu fe te ha hecho salva; ve en paz, y queda sana de tu azote".

   d. Lucas 7:10—"Y al regresar a casa los que habían sido enviados, hallaron sano al siervo que había estado enfermo".

   e. Lucas 17:19—"Y le dijo: Levántate, vete; tu fe te ha salvado".

f. Juan 5:15—"Jesús era el que le había sanado".

g. Juan 7:23—"Si recibe el hombre la circuncisión en el día de reposo, para que la ley de Moisés no sea quebrantada, ¿os enojáis conmigo porque en el día de reposo sané completamente a un hombre?".

2. Realizados por los apóstoles

a. Hechos 4:9–10—"Puesto que hoy se nos interroga acerca del beneficio hecho a un hombre enfermo, de qué manera éste haya sido sanado, sea notorio a todos vosotros, y a todo el pueblo de Israel, que en el nombre de Jesucristo de Nazaret, a quienes vosotros crucificasteis y a quien Dios resucitó de los muertos, por él este hombre está en vuestra presencia sano".

b. Hechos 9:34—"Y le dijo Pedro: Eneas, Jesucristo te sana; levántate, y haz tu cama. Y en seguida se levantó".

Hay una consistencia en las sanidades de Jesús. Cuando Jesús sanaba a alguien, Él lo hacía por completo —totalmente, sin partes que faltaran. Hay varios sinónimos usados en esos diferentes pasajes, pero la palabra griega dominante es *hygiēs*, de la cual obtenemos "higiene"; que significa "saludable". Jesús hizo que estuvieran bien, saludables y sanos; pero la mejor traducción es "totalmente sano" —la ausencia de cualquier enfermedad. Todos los milagros de sanidad de Jesús hacían que las personas estuvieran completamente saludables.

B. El ministerio de sanidad espiritual del Señor

¿Cómo se relaciona esto con Colosenses 2? Nos ilustra de manera hermosa la realidad invisible de cómo Jesús sana espiritualmente. Usted podría sustituir la palabra "completos" por "enteros" en la frase del apóstol Pablo en Colosenses 2:10: "Y vosotros estáis completos en él". Así como Jesucristo realizó milagros para sanar la enfermedad física haciendo que las personas estuvieran totalmente sanas, así es cuando Jesús toca una vida espiritualmente y da salvación —Él da salvación completa. Esa persona se vuelve totalmente sana en el aspecto espiritual. Otra frase paulina describe lo mismo: "Si alguno está en Cristo, nueva criatura es" (2 Co. 5:17). Eso es plenitud completamente nueva.

Esto no es nada nuevo; tanto el Antiguo como el Nuevo Testamento nos muestran que esta es la manera en la que Dios siempre ha obrado.

1. Salmo 51:10—Cuando David clamó en medio de su pecado, sabía lo que Dios haría. Él oró: "Crea en mí, oh Dios, un corazón limpio", y él fue perdonado y restaurado. Cuando Dios en Su gracia quita el pecado, hay limpieza inmediata, plenitud inmediata.

2. Ezequiel 11:19—"Y les daré un corazón, y un espíritu nuevo pondré dentro de ellos; y quitaré el corazón de piedra de en medio de su carne, y les daré un corazón de carne" (cp. 36:26). Dios dice: "Les daré un corazón nuevo" —un interior nuevo y limpio, para que la sanidad espiritual en la salvación sea tan completa como las sanidades físicas que el Señor realizó.

3. Juan 1:16—Cuando usted fue salvado, recibió la totalidad de Cristo; la plenitud de Cristo se volvió su plenitud. Cuando alguien se vuelve cristiano, es hecho espiritualmente completo. Ese es el punto de Pablo: cuando usted recibió a Cristo, fue hecho completo. Un hombre saludable no necesita más medicina. Usted no necesita filosofía humana; no necesita legalismo judío; no necesita misticismo pagano; no necesita ascetismo abstinente. Usted no necesita nada más una vez que recibe a Cristo y Su salvación —usted ha sido hecho completo. Por eso, Juan el Bautista dice de Cristo: "De su plenitud tomamos todos, y gracia sobre gracia".

4. Gálatas 6:15—"Ni la circuncisión vale nada, ni la incircuncisión, sino una nueva creación" (cp. 2 Co. 5:17).

5. 2 Pedro 1:3—"Todas las cosas que pertenecen a la vida y a la piedad nos han sido dadas por su divino poder". ¿Cómo y cuándo se recibe todo eso? El versículo continúa: "Mediante

el conocimiento de aquel". ¿Cuándo se llega a conocer a Cristo? En la salvación. ¿Cuándo se obtiene todo lo que pertenece a la vida y a la piedad? En el momento en el que usted cree en Cristo.

Así como los milagros de sanidad de Jesús sanaban completa y físicamente a las personas, así la transformación espiritual en la salvación hace que los creyentes estén espiritualmente completos. Cuando usted se vuelve cristiano, tiene un corazón nuevo, limpio, un espíritu nuevo, una condición completa, plena —usted se vuelve alguien que está espiritualmente bien. Usted no necesita añadir nada a eso —ni legalismo, ascetismo, misticismo o filosofía humana—.

REPASO

I. FILOSOFÍA (COL. 2:8–15)

A. Capturados por la filosofía (v. 8)

B. Completo en Cristo (vv. 9–15)

1. La base de estar completo (vv. 9–10)

Colosenses 2:10 dice: "Y vosotros estáis completos en él, que es la cabeza de todo principado y potestad". Usted ha sido hecho completo en Él. No le falta nada. Cristo le completa. No hay otras cosas que añadir a eso. Usted ha sido lleno de "la plenitud de Aquel que todo lo llena en todo" (Ef. 1:23). La filosofía humana basada en las tradiciones de los hombres y las marcas elementales de la religión humana infantil, no tienen nada que añadir a lo que ya está completo (Col. 2:8). En la cruz, las últimas palabras de Jesús fueron: "Consumado es" (Jn. 19:30) —no solo en términos de Su propia obra sacrificial, sino en asegurar la plenitud de la salvación mediante ese sacrificio. Él domina "todo principado y potestad" (es decir, todos los otros seres —autoridades y gobernantes creados, particularmente los angelicales). Él los gobierna a todos. Ellos no pueden añadir nada a Su obra. La gente que estaba tratando de influenciar a los colosenses estaba equivocada; usted no necesita llegar a Dios mediante una serie de *eones* o ángeles intermediarios. Los ángeles buenos no pueden ayudar a que usted esté completo, y los ángeles malos no pueden dañarlo una vez que usted está completo.

Entonces Pablo le da un golpe a la herejía de la filosofía y la religión humanas que tratan de negar que Cristo tiene el poder de dar salvación completa. Esa fue la herejía básica que los colosenses estaban enfrentando. Ellos, que tenían en Jesucristo la fuente que nunca falla, hubieran sido necios si escuchaban a esos falsos maestros que querían que ellos cavaran cisternas rotas que no retienen agua (Jer. 2:13). Usted no necesita filosofía ni intermediarios angelicales. Cristo es el que completa. Cualquier cosa que Él toca, la hace completa. Todos Sus milagros de sanidad, ya sean físicos o espirituales, son instantáneos y completos.

En 3 Juan 2, Juan le escribió a Gayo, a quien amaba en la verdad: "Amado, yo deseo que tú seas prosperado en todas las cosas, y que tengas salud, así como prospera tu alma". Juan está diciendo: "Gayo, si tu cuerpo físico pudiera estar tan saludable como tu alma, ¡estarías en una forma fabulosa!". ¿Cuál es la implicación? Que debido a que él es un creyente, su alma prospera y está saludable. Desde luego que el pecado influye en el aspecto práctico de eso, pero posicionalmente el alma está saludable. Juan está diciendo: "Si tan solo tu cuerpo pudiera conocer la salud que tu alma conoce".

LECCIÓN

2. Los beneficios de estar completo (vv. 11–15)

¿Qué significa haber sido hecho completo en Cristo? En los siguientes versículos, Pablo le muestra los tres aspectos de nuestra condición completa en Cristo.

a. Salvación completa (vv. 11–12)

> "... En él también fuisteis circuncidados con circuncisión no hecha a mano, al echar de vosotros el cuerpo pecaminoso carnal, en la circuncisión de Cristo; sepultados con él en el bautismo, en el cual fuisteis también resucitados con él, mediante la fe en el poder de Dios que le levantó de los muertos".

Pablo dice: "Su salvación está absolutamente completa. No hay necesidad de que sea circuncidado —ya ha sido bautizado". Recuerde, la herejía que el apóstol está combatiendo es una mezcla desconcertante de la creencia pagana en varios intermediarios y el legalismo judío. Junto con eso, estaban tratando de propagar la idea de que usted necesitaba ser circuncidado. Eso no es nada nuevo; los judaizantes la propagaron en Galacia. Ellos decían: "Está bien lo que creen; es maravilloso que lo crean. Pero tienen que ser circuncidados. Necesitan una salvación quirúrgica".

1) Circuncisión espiritual (v. 11)

> "... En él también fuisteis circuncidados con circuncisión no hecha a mano, al echar de vosotros el cuerpo pecaminoso carnal,

en la circuncisión de Cristo...”

Pablo está hablando de una operación espiritual, no una física.

LOS DOS PUNTOS DE VISTA DE LA CIRCUNCISIÓN

A lo largo de la historia de Israel hubo dos puntos de vista de la circuncisión. Todo niño hebreo era circuncidado al octavo día después de su nacimiento como señal de su identificación con la nación de Israel. Pero la práctica se volvió controversial, con dos escuelas de pensamiento opuestas.

1. La circuncisión era suficiente para salvar

   Este era el punto de vista de salvación quirúrgica: si usted era circuncidado, estaba en el pacto; el acto físico era lo único que era requerido.

   Algunos en la historia de la iglesia también adoptaron ese pensamiento, que es de donde vino el bautismo de infantes. Los israelitas que sostenían esta postura decían que no importaba si un israelita era bueno o malo, solo que fuera circuncidado. Ese era el punto de vista típico de los judíos en la época de Jesús y todavía lo era en la época de Pablo.

Romanos 2:25 dice: "Pues en verdad la circuncisión aprovecha, si guardas la ley; pero si eres transgresor de la ley, tu circuncisión viene a ser incircuncisión". Está bien si usted guarda la ley, pero si quebranta la ley, la circuncisión es simplemente como la incircuncisión. Hay una historia acerca del boxeador que se persignaba antes de cada pelea. Un hombre preguntó: "¿Sirve de algo?". Otro hombre dijo: "Sí, si logra golpear. Si no puede, no le servirá de nada". Es similar con la circuncisión: si usted guarda la ley, está bien; si no, no sirve de nada. El versículo 26 dice: "Si, pues, el incircunciso guardare las ordenanzas de la ley [personas que no se habían operado, pero que obedecían la ley], ¿no será tenida su incircuncisión como circuncisión?". Los versículos 28–29 dicen: "Pues no es judío el que lo es exteriormente, ni es la circuncisión la que se hace exteriormente en la carne; sino que es judío el que lo es en lo interior, y la circuncisión es la del corazón". El punto de vista típico judío era que, si a usted lo habían operado externamente, había cumplido la justicia.

2. La circuncisión solo era una señal externa

Hubo algunos judíos que verdaderamente eran espirituales, llamados el remanente, a lo largo de la historia de Israel. Ellos creían que la circuncisión solo era una marca externa de un hombre que interiormente estaba comprometido con Dios —y creían correctamente. Lo que realmente importa es el corazón. Eso fue lo que Dios siempre les dijo, remontándonos a Éxodo, cuando Dios estaba estableciendo las regulaciones del pacto por primera vez. Éxodo 6:12 dice: "Y respondió Moisés delante de Jehová, diciendo: He aquí, los hijos de Israel no me escuchan: ¿cómo pues me escuchará Faraón, mayormente siendo yo incircunciso de labios?" (RVA). Moisés, en esa fecha temprana, estaba usando el concepto de la circuncisión metafóricamente. Dios desea a aquellos con corazones circuncidados (un corazón dedicado a Él) y labios circuncidados (labios dedicados a Él). La circuncisión no es simplemente el acto físico de la cirugía; el asunto real siempre ha sido el corazón.

---

a) El proceso de eliminación quirúrgica

Colosenses 2:11 dice: "En él también fuisteis circuncidados con circuncisión no hecha a mano [una circuncisión especial], al echar de vosotros [cortar] el cuerpo pecaminoso carnal en la circuncisión de Cristo". Cuando usted se volvió cristiano, Cristo cortó todo lo que era pecaminoso en su vida.

Romanos 4:11: "[Abraham] recibió la circuncisión como señal, como sello de la justicia de la fe que tuvo estando aún incircunciso". La objeción inmediata es: “Pero Abraham fue circuncidado”. Sí —catorce años después de que creyó a Dios y fue salvo. La circuncisión no lo salvó; él fue circuncidado como una señal de un corazón justo.

¿Qué es la circuncisión verdadera? Es cortar todo de la vida excepto la voluntad de Dios. El mensaje de Pablo en Colosenses 2:11 es: “La verdadera circuncisión es la cirugía espiritual, el cortar el yo y el pecado, y solo Cristo puede hacer eso”. Cuando usted se volvió cristiano, su vieja naturaleza fue quitada y se convirtió en una nueva criatura con una nueva naturaleza.

Cualquiera puede circuncidar el prepucio de un hombre, pero solo Cristo puede circuncidar el corazón de un hombre y cortar la vieja naturaleza pecaminosa. Pablo dice: “Si eres cristiano, no necesitas ningún rito de circuncisión. Has recibido de Cristo una cirugía espiritual de la que el rito antiguo solo fue un retrato y un símbolo”.

b) El problema de la generación pecaminosa

La circuncisión era un símbolo en el Antiguo Testamento que representaba la erradicación del pecado. Pero incluso el Antiguo Testamento constantemente enfatiza que un cambio interno es el asunto verdadero (Jer. 4:4; 9:25). La Escritura insiste en que el corazón debe ser circuncidado. El hecho de que el órgano que produce vida deba ser circuncidado, representaba la influencia de la vieja naturaleza de pecado para la siguiente generación; enfatizaba el pecado inherente en nuestra naturaleza caída como descendientes de Adán. La forma misma del rito enfatizaba que lo que había que tratar era la naturaleza humana —que se transmitía de padre a hijo.

Cuando usted se vuelve cristiano, Dios quita su vieja naturaleza y le da una nueva. De eso habla Pablo en el versículo 11: "Circuncisión no hecha a mano, al echar de vosotros el cuerpo pecaminoso carnal".

c) La presencia de gobernantes diferentes

Pero si nuestra naturaleza caída ha sido quitada, si nos hemos despojado de los pecados de la carne (es decir, la naturaleza humana en su condición caída), y si tenemos una nueva naturaleza, ¿por qué seguimos pecando? Es una pregunta muy buena. La respuesta es que usted tiene una naturaleza completamente nueva — pero tiene un cuerpo viejo. Usted tiene un nuevo interior, pero un viejo exterior.

En Romanos 7 Pablo dice: “Porque lo que hago, no lo entiendo; pues no hago lo que quiero, sino lo que aborrezco, eso hago. Y si lo que no quiero, esto hago, apruebo que la ley es buena. De manera que ya no soy yo quien hace aquello, sino el pecado que mora en mí” (vv. 15–17). Pablo dice: “No está en mi nueva naturaleza hacer esto, es la influencia de la vieja carne que todavía está en mí”. El versículo 18 continúa: “Y yo sé que en mí, esto es, en mi carne, no mora el bien... Y si hago lo que no quiero, ya no lo hago yo, sino el pecado que mora en mí. Así que, queriendo yo hacer el bien, hallo esta ley: que el mal está en mí. Porque según el hombre interior, me deleito en la ley de Dios” (vv. 18, 20–22). Él dice: “Mi nueva naturaleza ama a Dios; mi nueva naturaleza quiere hacer cosas buenas. Mi nueva naturaleza quiere obedecer a Dios. Mi nueva naturaleza quiere responder a Dios”. Versículo 23: “Pero veo otra ley en mis miembros, que se rebela contra la ley de mi mente, y que me lleva cautivo a la ley del pecado que está en mis miembros”.

La nueva naturaleza que está en mí ha sido purificada, pero el cuerpo en el que vive aún no ha sido redimido. Cuando vaya al cielo no voy a recibir un nuevo interior, recibiré un nuevo exterior. En el versículo 24 Pablo dice: "¡Miserable de mí! ¿quién me librará de este cuerpo de muerte? Gracias doy a Dios, por Jesucristo Señor nuestro. Así que, yo mismo con la mente sirvo a la ley de Dios, mas con la carne a la ley del pecado" (vv. 24–25). Pablo dice: "En mi vida de nueva criatura la nueva naturaleza está presente, pero está rodeada de la carne".

Recibimos una nueva naturaleza en Cristo. Usted no solo es limpiado cuando se vuelve cristiano; usted se convierte en alguien nuevo por dentro desde el momento mismo en que cree. El pecado todavía está ahí debido a la carne y el cuerpo, pero la naturaleza interna redimida y el nuevo corazón también están ahí. Dios prometió: "Les daré un nuevo corazón" —esa es la promesa del Nuevo Pacto. Cuando usted recibió a Cristo, ese fue el fin de la vieja naturaleza —pero todavía moramos en la presencia del pecado.

d) La promesa de la redirección espiritual

En Colosenses, Pablo no está tratando con el hecho de pecar. Él está enfocado en comunicar que usted es completamente salvo y no puede ser más salvo. Las personas frecuentemente dicen: "Fui salvo, pero más adelante fui más salvo". Eso es como decir: "Estaba casado y ahora estoy más casado". O usted está casado o no. Lo mismo es verdad de estar en Cristo. Usted no es más salvo; usted es salvo o no es salvo.

Usted no necesita que se añada algo a la nueva naturaleza que se le ha dado, excepto hacer que su conducta esté en armonía con su nueva naturaleza. Pablo aprendió cómo hacerlo. Él expresó su lucha con eso en Romanos 7, ¿pero qué dice en Romanos 8? "Andad en el Espíritu, y no satisfagáis los deseos de la carne" (Gá. 5:16; cp. Ro. 8:13). Él aprendió a obedecer al Espíritu.

Pablo dice: "Tienen una nueva vida. Cristo circuncidó su corazón al quitar la vieja naturaleza. No necesitan ninguna señal externa. Eso es absolutamente irrelevante y superfluo".

2) El bautismo espiritual (v. 12)

Pablo da un paso más allá en el versículo 12: "Sepultados con él en el bautismo, en el cual fuisteis también resucitados con él, mediante la fe en el poder de Dios que le levantó de los muertos".

Esto no es bautismo en agua. Algunos dicen: "¿Ves? Pablo está enseñando la regeneración bautismal". ¿Cree usted que él eliminaría una ceremonia solo para introducir otra? Si él tiene en mente la realidad espiritual en el versículo 11, usted puede estar seguro de que la tiene en mente en el versículo 12. Él nunca diría que el cambio de la muerte espiritual a la vida espiritual es logrado por agua; eso lo haría tan ritualista como aquellos que él estaba condenando. Pablo era el campeón de la espiritualidad, no de la ceremonia. Entonces, ¿de qué está hablando? ¿Qué es este bautismo?

a) Colocado en Cristo

Representa la unión de un creyente con Cristo. La palabra *bautismo* simplemente significa "colocado en". Usted fue colocado en Cristo y el bautismo en agua es el retrato hermoso de eso. La terminología se volvió sinónima en la iglesia primitiva y todavía lo es. Cuando usted se volvió cristiano, fue como si hubiera muerto, fuera sepultado y resucitara a una nueva vida "mediante la fe en el poder de Dios que le levantó de los muertos" (v. 12). Así como Dios resucitó a Jesús, así lo resucitó a usted de los muertos cuando creyó en Jesús. Su viejo hombre murió y fue sepultado, y usted resucitó a una vida nueva.

Todo esto es logrado mediante la unión del creyente con Cristo. Cuando usted pone su fe en Cristo, usted es por la fe tan identificado con Él, tan uno con Él, que Su muerte, Su sepultura y Su resurrección llegan a ser suyas. ¡Qué tremenda verdad!

b) Realizado por Dios

Todo esto es logrado por "el poder de Dios". La palabra "poder" es *energeia* —es la energía de Dios, el poder de resurrección de Dios. Dios, que resucitó a Jesús de los muertos, lo resucita a usted de los muertos. Cuando recibe a Cristo, usted es sepultado. Su vida vieja muere y usted cobra vida. Esos son sus dos únicos estados espirituales posibles: muerto o vivo.

c) Obtenido por la fe

> La mitad del versículo 12 dice: "Mediante la fe en el poder de Dios". Nosotros que creemos en el poder de Dios, nosotros que creemos que Dios resucitó a Jesús de los muertos, también seremos resucitados con Él. Romanos 10:9 dice: "Que si confesares con tu boca que Jesús es el Señor, y creyeres en tu corazón que Dios le levantó de los muertos, serás salvo". Cuando usted cree y confiesa estas verdades, su vieja vida muere y es sepultada, y usted resucita a una nueva vida. Eso es un milagro espiritual. Experimentamos el mismo poder que Dios usó para resucitar a Jesús de los muertos.

Romanos 6:3 dice: "¿O no sabéis que todos los que hemos sido bautizados en Cristo Jesús, hemos sido bautizados en su muerte?". Esto sucedió cuando usted fue colocado en unión con Cristo —aquí Pablo está hablando acerca del bautismo espiritual, no del bautismo en agua. Versículo 4: "Porque somos sepultados juntamente con él para muerte por el bautismo, a fin de que como Cristo resucitó de los muertos por la gloria del Padre, así también nosotros andemos en vida nueva". Morimos con Él y resucitamos con Él. "Sabiendo esto, que nuestro viejo hombre [vieja naturaleza] fue crucificado juntamente con él, para que el cuerpo del pecado sea destruido, a fin de que no sirvamos más al pecado. Porque el que ha muerto, ha sido justificado del pecado" (vv. 6–7).

¿De qué manera somos liberados del pecado? Porque no estamos liberados de volver a cometerlo. Más bien, Pablo dice que están libres de sus consecuencias: "Porque la paga del pecado es muerte" (v. 23). Si es cristiano, usted ya ha muerto. Yo morí en Cristo en el momento en que deposité mi fe en Él. Fui crucificado con Cristo, sin embargo, yo vivo. Morí una vez. Ahora, el pecado no tiene derecho sobre mí porque morí en Cristo. Aunque usted todavía luchará con su presencia a lo largo de esta vida, usted ha sido liberado de su poder. Entonces, lo que Pablo está diciendo en Romanos es: "El viejo hombre está eliminado; la vieja naturaleza está destruida. Ahora ustedes están libres de la esclavitud del pecado".

El versículo 10 dice: "En cuanto murió, al pecado murió una vez por todas; mas en cuanto vive, para Dios vive". El versículo

> 9 dice: "Cristo, habiendo resucitado de los muertos, ya no muere; la muerte no se enseñorea más de él". Él murió una vez y ese fue el fin del dominio de la muerte. Versículo 11: "Así también vosotros consideraos muertos al pecado". ¿Cuántas veces tiene que morir? Una vez —y usted ya murió, mediante su unión con Cristo. El pecado, la muerte, el infierno y Satanás no tienen ningún derecho sobre usted.

Los creyentes no tienen necesidad de circuncisión externa. Usted ya recibió la verdadera circuncisión del corazón y de la vida; toda su naturaleza pecaminosa ha sido cortada en virtud de su unión con Cristo por la fe. Su viejo e impío hombre fue sepultado con Él en la muerte. Cuando usted fue resucitado con Él, fue resucitado como una nueva criatura, completamente por el poder de Dios —todo esto cuando usted creyó. Está terminado y completo. La vieja naturaleza fue eliminada. La nueva vida ha comenzado y la salvación completa es suya. No necesita nada más. Así que cuando alguien le dice: "Claro que tienes que creer, pero también tienes que guardar los Diez Mandamientos o puede que Dios no te acepte". Dígales: "No. Yo ya morí una vez al pecado en Cristo; Su justicia ahora es mía y mi vida ahora es de Él. Si bien el fruto de mi vida debería reflejar la obra de Dios que mora en mí y que me ha transformado, ninguna de esas buenas obras pueden ganar mi salvación —está basada únicamente en la obra terminada de Cristo". Jesús murió una vez y ya no vuelve a morir. Salvación completa, de una vez por todas.

b. Perdón completo (vv. 13–14)

"Y a vosotros, estando muertos en pecados y en la incircuncisión de vuestra carne, os dio vida juntamente con él, perdonándoos todos los pecados, anulando el acta de los decretos que había contra nosotros, que nos era contraria, quitándola de en medio y clavándola en la cruz".

Para mí, la doctrina más emocionante de toda la Biblia es el perdón. Si yo me sintiera culpable todo el tiempo por mis pecados y pensara que no están perdonados, sería un caso perdido. El perdón completo aborda la misma realidad de plenitud desde otro aspecto. El primer énfasis fue en que la salvación está completa sin el ritual; este enfatiza que el perdón está completo sin obra alguna. Observe que "vosotros" es contrastado con "él" en el versículo 13:

1) El resultado del perdón (v. 13)

Usted estaba muerto y perdido, pero Él venció por completo incluso esos obstáculos formidables. Usted comparte Su vida de resurrección.

a) Su muerte pasada

i) "Estando muertos en pecados..."

¿Sabe usted lo que significa estar muerto en sus transgresiones y pecados? Esa misma frase griega también es traducida en Efesios 2:1 como "muertos en vuestros delitos". Es llamada un locativo de esfera y habla de una realidad posicional —usted estaba muerto en pecado. Cuando nació, usted nació espiritualmente muerto. La señal de que alguien está muerto es su incapacidad permanente de responder. Eso es la muerte espiritual —estar muerto en pecado significa que usted está tan atrapado en el pecado que es incapaz de responder a Dios. La Biblia y la verdad espiritual no tienen sentido porque usted está perdido en la pecaminosidad del mundo, la carne y el diablo. Usted ni siquiera puede reaccionar a Dios o al estímulo espiritual porque está muerto, es un cadáver espiritual.

ii) "... y en la incircuncisión de vuestra carne..."

Por si no fuera suficientemente malo que usted estuviera muerto en pecado, Pablo añade esta frase. Él está diciendo: "Estaban muertos en sus pecados y eran gentiles". ¿Qué tiene de malo ser gentil? Los gentiles eran incircuncisos, lo cual significaba que estaban afuera del pacto y no tenían la verdad de Dios. El judío podría haber estado muerto en pecado, pero por lo menos estaba en un ambiente en el que el pacto de Dios estaba operando. Un gentil estaba tanto muerto como alejado de la esperanza de una solución. Efesios 2:11 dice: "Acordaos de que en otro tiempo vosotros, los gentiles en cuanto a la carne, erais llamados incircuncisión" —y después, el versículo 12 define el término y la situación— "En aquel tiempo estabais sin Cristo, alejados de la ciudadanía de Israel y ajenos a los pactos de la promesa, sin esperanza y sin Dios en el mundo". Ese es un estado triste. Una cosa es estar muerto en pecado, pero es doblemente serio estar muerto en pecado y afuera del pacto, afuera de la promesa, sin esperanza y sin Dios en el mundo. Sin acceso a la verdad, sin revelación.

¿Cuál es la solución para esa situación? ¿Qué es lo que más necesita un hombre muerto? Vida. Y Pablo dice: "Os dio vida juntamente con él, perdonándoos todos los pecados" (Col. 2:13).

También hay una implicación simbólica en "la incircuncisión de vuestra carne" —Pablo dice que ese es un símbolo adecuado del hecho de que los no redimidos siguen sujetos a la vieja naturaleza.

b) Su vida actual

Usted estaba muerto en pecado y sujeto a su vieja naturaleza hasta que nació de nuevo en Cristo.

i) "Os dio vida..."

Eso es precisamente lo que Efesios 2:4–5 dice: "Dios, que es rico en misericordia, por su gran amor con que nos amó, aun estando nosotros muertos en pecados, nos dio vida juntamente con Cristo".

ii) "... juntamente con él..."

¿Qué significa "juntamente con él"? De una manera misteriosa y divina, usted entra en unión con Cristo. Pablo dice que Dios "nos dio vida juntamente con Cristo" (Ef. 2:5), de tal manera que "el que se une al Señor, un espíritu es con él" (1 Co. 6:17). Cuando Él resucitó, nosotros resucitamos.

Los hombres muertos están totalmente derrotados, totalmente dominados por el pecado, son impotentes para romper las cadenas de pecado que los atan, impotentes para descubrir la verdad de Dios, están sin esperanza, sin Dios, atrapados en su naturaleza pecaminosa, y entonces, en la salvación, Dios repentinamente les da vida. La Escritura nos dice quién inicia la salvación. Las personas suelen decir: "Encontré al Señor". No, Él lo encontró a usted. Usted no tiene más poder para vencer su pecado que el que tiene un hombre muerto para vencer su propia muerte.

Jesucristo, mediante Su obra terminada, liberó a los hombres del pecado (de su poder y consecuencias) y les dio vida nueva —vida tan nueva, tan vital y tan libre que solo puede ser descrita apropiadamente como vida de resurrección. Incluso a los gentiles, Él les dio vida aparte de cualquier ceremonia como la circuncisión. ¿Acaso eso significa que es posible que alguien sea completamente restaurado con Dios, que se le dé un nuevo corazón y una nueva naturaleza, y tener una relación completamente nueva con Dios y vida eterna? ¿Cómo? Colosenses 2:9 y 10 dicen: "En Él", el verso 11 dice: "En Él", y los versículos 12 y 13 dicen: "Con Él" —todo es posible al estar en Cristo. Esa es la clave. Responda al llamado de Cristo a arrepentirse, recíbalo por la fe y todo será suyo.

c) Su pecado perdonado

"... perdonándoos todos los pecados..."

Esta frase está en el tiempo pasado, lo cual significa que este perdón ya se ha efectuado. Las personas me preguntan todo el tiempo: "¿Cuántos de nuestros pecados han sido perdonados?". El verso 13 dice que todos ellos. Eso es milagroso.

i) El consuelo del perdón

a. Salmo 32:1—“Bienaventurado [feliz] aquel cuya transgresión ha sido perdonada, y cubierto su pecado”. Ese es un hombre feliz. Es algo feliz ser perdonado. A nadie le gusta sentirse culpable. Es un alivio ser perdonado.

b. Isaías 1:18—“Venid luego, dice Jehová, y estemos a cuenta: si vuestros pecados fueren como la grana, como la nieve serán emblanquecidos; si fueren rojos como el carmesí, vendrán a ser como blanca lana”. ¿Qué medida de perdón es esta? Total.

c. Isaías 55:7—“Deje el impío su camino, y el hombre inicuo sus pensamientos, y vuélvase a Jehová, el cual tendrá de él misericordia, y al Dios nuestro, el cual será amplio en perdonar”.

d. Hechos 13:38–39—“Sabed, pues, esto, varones hermanos: que por medio de él se os anuncia perdón de pecados, y que de todo aquello de que por la ley de Moisés no pudisteis ser justificados, en él es justificado todo aquel que cree". El perdón total y completo es dado instantáneamente. En el momento en que usted creyó, Dios le perdonó todos los pecados que había cometido e incluso los que aún no había cometido.

e. Hechos 10:43—"De éste dan testimonio todos los profetas, que todos los que en él creyeren, recibirán perdón de pecados por su nombre".

f. Hebreos 8:10–12—"Este es el pacto que haré con la casa de Israel Después de aquellos días, dice el Señor: Pondré mis leyes en la mente de ellos, Y sobre su corazón las escribiré; Y seré a ellos por Dios, Y ellos me serán a mí por pueblo; Y ninguno enseñará a su prójimo, Ni ninguno a su hermano, diciendo: Conoce al Señor; Porque todos me conocerán, Desde el menor hasta el mayor de ellos. Porque seré propicio a sus injusticias, Y nunca más me acordaré de sus pecados y de sus iniquidades". Siempre me impresiona el hecho de que hay muchos cristianos que siguen recordando lo que Dios ha olvidado. Es un complejo de Dios —el tribunal más alto en el universo es Dios, y si Dios me ha perdonado, entonces lo único que justificaría que yo me considere culpable de pecado es si yo soy una autoridad superior a Dios.

ii) Las características del perdón de Dios

a. Gracia

Usted no se ganó el perdón de Dios; es un regalo de gracia. Romanos 3:24 dice: "Siendo justificados gratuitamente por su gracia". Tito 3:4–7: "Cuando se manifestó la bondad de Dios nuestro Salvador, y su amor para con los hombres, nos salvó, no por obras de justicia que nosotros hubiéramos hecho, sino por su misericordia, por el lavamiento de la regeneración y por la renovación en el Espíritu Santo, el cual derramó en nosotros abundantemente por Jesucristo nuestro Salvador... justificados por su gracia". El perdón de Dios es por gracia.

b. Completo

También es absolutamente completo; no le hace falta nada. Efesios 1:7: "En quien tenemos redención por su sangre, el perdón de pecados según las riquezas de su gracia". Hay perdón igual a las riquezas de Su gracia. Si quiere saber cuánto perdón tiene usted, averigüe cuánta gracia tiene Dios. Romanos 5:20: "Cuando el pecado abundó, sobreabundó la gracia". La gracia de Dios excede su pecado, sin importar cuánto ha acumulado. Primera de Juan 2:12 dice: "Os escribo a vosotros, hijitos, porque vuestros pecados os han sido perdonados por su nombre".

c. Dispuesto

Dios no está diciendo: "¿Por qué me metí en esto? Ahora tengo que seguir perdonando a estas personas". El Salmo 86:5 dice que Él está listo, dispuesto a perdonar. Segunda de Corintios 5:19: "Dios estaba en Cristo reconciliando consigo al mundo, no tomándoles en cuenta a los hombres sus pecados, y nos encargó a nosotros la palabra de la reconciliación". Él nos envía como embajadores para decirle a todo el mundo que la paciencia de Dios les extiende a ellos el mismo perdón dispuesto.

d. Seguro

En cuarto lugar, el perdón de Dios es seguro. Usted puede contar con él; es absolutamente seguro —sin preguntas, sin dudas. En Hechos 26:18 Pablo dice que Dios lo envió a predicar a Cristo "para que abras sus ojos, para que se conviertan de las tinieblas a la luz, y de la potestad de Satanás a Dios; para que reciban, por la fe que es en mí, perdón de pecados y herencia entre los santificados". El perdón está basado en la promesa de Dios. Pablo estaba diciendo: "Como he visto estas cosas, como oí a Cristo, y como Él me dijo qué hacer y me hizo prometer que lo haría, salgo a predicar". En el versículo 25, él dijo: "No estoy loco... sino que hablo palabras de verdad y de cordura". Él dice: "Dios lo ha dicho y yo lo predico".

El perdón de Dios es seguro y está basado en Su promesa.

e. Inigualable

Usted nunca encontrará un perdón como el de Dios. Miqueas 7:18: "¿Qué Dios como tú, que perdona la maldad, y olvida el pecado del remanente de su heredad?". ¿Conoce usted a un dios así? Los paganos nunca inventaron uno. ¿Quién es un dios como Él, que perdona tanto?

f. Motivador

Además, el perdón de Dios es motivador. ¿Qué significa eso? Efesios 4:32: "Sed benignos unos con otros, misericordiosos, perdonándoos unos a otros, como Dios también os perdonó a vosotros en Cristo". Si Dios no nos ha perdonado totalmente, ese principio no funciona. Pero Pablo dice: "Perdonen total y completamente, así como Dios los ha perdonado a ustedes".

El perdón para el cristiano es total, completo y para siempre. No existe tal cosa como el pecado no perdonado en la vida de un cristiano. Todo es perdonado en Cristo.

2) El registro del perdón (v. 14)

"... anulando el acta de los decretos que había contra nosotros, que nos era contraria, quitándola de en medio y clavándola en la cruz".

Observe dos palabras sobre las que se basa toda la idea del perdón de Dios.

a) El autógrafo

"... anulando el acta de los decretos que había contra nosotros, que nos era contraria..."

La palabra griega para "acta" es *cheirographon*, la cual literalmente significa "autógrafo". El uso técnico de esta palabra es interesante; era una nota escrita a mano de un deudor reconociendo su deuda, literalmente un pagaré. "Yo, John MacArthur, le debo quinientos dólares. Firma, John MacArthur" —eso es un *cheirographon*. Era una confesión de deuda firmada. Su pecado y el mío acumularon una deuda con Dios. Le debíamos a Dios y teníamos que pagar. La deuda era "contra nosotros" —nos hubiera destruido y condenado.

No la podíamos pagar. El "acta" era un reconocimiento de confesión personal de esas deudas. Pero cuando usted está dispuesto a firmarla y decir: "Es verdad. Firmaré mi nombre en esa línea. Estas son mis deudas", es entonces cuando Dios las cancela.

b) El borrador

"... que había contra nosotros, que nos era contraria, quitándola de en medio y clavándola en la cruz".

Traducida literalmente, esta frase dice que Jesús borró la deuda, como borrar un pizarrón. Ese es el perdón de Dios. El día que usted firmó su confesión delante de Dios, es el día en que Él la borró. ¿Qué estaba confesando usted? Pecado. Los documentos antiguos se escribían en papiro (un tipo de papel hecho de junco) o vitela (hecha de piel de animal). Ambos eran bastante caros, entonces eran reutilizados cuidadosamente. Debido a que la tinta antigua carecía de ácido, la tinta nunca entraba en el papiro o la vitela, sino que simplemente se quedaba en la superficie. Así que, algunas veces un escriba, para preservar su papel y ahorrar, limpiaba la tinta del papiro o la vitela y la volvía a usar. Esa es la práctica a la que Pablo está haciendo referencia. Cuando usted recibió a Jesucristo y firmó su confesión, es cuando Dios clavó su registro a Su cruz, pagó el castigo y lo limpió. Firmamos nuestra condenación y Él la borró. ¿Sabe lo que queda? Ni un rastro. Él ya no la recuerda.

Esto es perdón completo. ¡Oh la maravilla de ese tipo de gracia!

c. Victoria completa (v. 15)

"y despojando a los principados y a las potestades, los exhibió públicamente, triunfando sobre ellos en la cruz".

Hemos visto salvación completa, perdón completo y, en tercer lugar, Pablo habla acerca de victoria completa. Él les dijo a los colosenses: "No se metan con esos *eónes* y espíritus intermediarios. Todos fueron destruidos en la cruz". Cuando Jesús murió, Él desarmó a los principados y a las potestades. Él los exhibió públicamente y triunfó sobre ellos. ¿En dónde hirió Jesús la cabeza de Satanás (Gn. 3:15)? En la cruz. ¿En dónde fue que Él quebrantó el poder del diablo? En la cruz. ¿En dónde fue que Él le quitó el poder a la muerte? En la cruz.

Hebreos 2:14–15: "Así que, por cuanto los hijos participaron de carne y sangre, él también participó de lo mismo, para destruir por medio de la muerte al que tenía el imperio de la muerte, esto es, al diablo, y librar a todos los que por el temor de la muerte estaban durante toda la vida sujetos a servidumbre". El dominio de Satanás fue quebrantado en la cruz. Mientras Cristo estaba colgado en la cruz, sin duda los demonios estaban celebrando un carnaval, viéndolo clavado de manos y pies al madero en aparente debilidad y derrota. Ellos imaginaban que Él era su víctima, pero estaban muy equivocados. Él los dominó incluso en la muerte.

Primera de Pedro 3:19 dice: "Fue y predicó a los espíritus encarcelados". Cuando el cuerpo de Jesús fue puesto en la tumba, Su espíritu fue al lugar en donde algunos demonios están atados para proclamar Su victoria sobre ellos en sus caras. Él proclamó Su triunfo, que ellos fueron permanentemente inhabilitados y destronados.

Así pues, la cruz y la Resurrección son la respuesta a la herejía que sedujo las mentes de los que vivían en el Valle del Lico cuando Pablo escribió su carta, y es igual para nosotros en la actualidad. No hay sentido en rendir homenaje a los principados o a las potestades que Jesús ya derrotó. ¡Y qué victoria!

G. H. C. Macgregor dice: "Seguimos siendo conscientes de que, aparte de la victoria de Cristo, el hombre es una víctima indefensa en un cosmos hostil. Nos sirve de poco consuelo que el destino inexorable, que en otros tiempos se explicaba en función de la influencia de las estrellas concebidas como demonios personales, ahora se explique en función del determinismo sicológico, físico o económico. Todavía nos preguntamos cómo puede alguien triunfar sobre un factor hereditario maligno, o cómo puede ser libre y victorioso en un mundo de leyes rígidas y de necesidades científicas. Seguimos sufriendo la 'intimidación astronómica' —es decir, el terror ante la insignificancia del hombre y la enormidad del universo material que lo rodea" ("Principalities and Powers: The Cosmic Background of St. Paul's Thought", *NTS* 1 [1954–55], 23, citado por F. F. Bruce, *Las Epístolas a los Colosenses, a Filemón y a los Efesios* [Plano, TX: Fundación Hurtado, 2021], 102). El hombre teme ser aplastado, tarde o temprano, por un universo y cosmos intimidantes que él no puede explicar. Solo hay un mensaje de esperanza que se proclama: Jesucristo, el Salvador crucificado, ha resucitado y es Señor de todos. Las fuerzas del universo están sujetas a Él como su Creador y su conquistador. Los falsos maestros quieren que las personas teman a los demonios, a los ángeles y a las estrellas, pero debido a Jesucristo, los creyentes no temen nada. La muerte de Cristo fue un sacrificio sustitutivo concediéndonos el perdón y el triunfo que contribuyen a una salvación completa.

ENFOCÁNDOSE EN LOS HECHOS

1. ¿Cuáles son las tres maneras en las que todos los creyentes están completos?

2. ¿De qué era señal la circuncisión? ¿Cuál es la "circuncisión no hecha a mano"?

3. ¿Por qué los cristianos, a pesar de tener una nueva naturaleza, todavía pecan? Respalde su respuesta (cp. Ro. 7:15–25).

4. ¿Cómo debe hacer que su conducta esté en armonía con su nueva naturaleza (cp. Ro. 8:13)?

5. ¿Qué quiere decir Pablo con "bautismo" en Colosenses 2:12? ¿Cómo se relaciona el bautismo en agua con esto?

6. ¿Cómo es lograda nuestra sepultura y resurrección con Cristo? ¿Cómo llegamos a ser identificados con Cristo?

7. ¿Por qué el pecado ya no tiene ningún derecho sobre un creyente? ¿Significa eso que los creyentes nunca pecan? Explique.

8. ¿Qué significa estar muerto en sus pecados? ¿Cuál es el significado literal de la frase "la incircuncisión de vuestra carne"? ¿Por qué la condición gentil era doblemente mala antes de Cristo?

9. ¿Quién inicia la salvación? Explique y apoye su respuesta con la Escritura.

10. ¿Cuáles son las características del perdón de Dios? Resuma cada una de ellas.

11. Como pecadores, ¿cuál era la deuda que teníamos? ¿Qué pasó con esa deuda el día que la reconocimos y creímos en Dios?

PONDERANDO LOS PRINCIPIOS

1. Piense en las veces en las que usted ha estado físicamente enfermo. ¿Cómo se sintió? ¿Deseó recuperarse de repente? Piense en el momento en el que usted estuvo más enfermo. Ahora incremente eso cien, mil o un millón de veces, y eso todavía no se acerca a lo enferma que estaba su alma, antes de que usted conociera a Jesucristo. Sin embargo, Él lo sanó a usted en un instante. Aunque usted seguirá enfermándose físicamente en ocasiones, ¿volverá a estar enferma su alma otra vez? Para recordar cómo se nos ha hecho estar bien espiritualmente, memorice Juan 1:16: "Porque de su plenitud tomamos todos, y gracia sobre gracia".

2. Busque Romanos 3:20; 4:15; 7:9–11; 2 Corintios 3:6; Gálatas 3:10–12, 21. Según esos versículos, ¿cuál es el propósito de la ley? ¿Cuál es el resultado para alguien que trata de justificarse por la ley? ¿Cómo es justificado un hombre? Busque Juan 6:63; Romanos 8:2. ¿Cuál es la única manera en la que un hombre puede obtener la vida? ¿Cuál es el beneficio de la ley del Espíritu para usted? Busque Juan 5:21; Romanos 4:17; 1 Corintios 15:45; Efesios 2:1, 5; 1 Pedro 3:18. Según esos versículos, ¿quién le da vida a usted? Como resultado de este estudio, ¿cómo debemos obedecer a Dios como creyentes? Lea Romanos 8:5–13. ¿Cuál es la única manera en la que usted puede obedecer a Dios? ¿En qué beneficia lo externo a su salvación? ¿En qué

beneficia la carne a su obediencia? Agradezca a Dios porque le ha dado la capacidad de obedecer.

3. Medite en el perdón de Dios en su propia vida. ¿De qué necesitaba ser perdonado? El perdón es suyo como hijo de Dios, pero eso no descarta la importancia de confesar los pecados que usted comete a diario. ¿Qué pecados no han sido confesados en el presente en su vida? Tómese este tiempo ahora mismo para confesarle esos pecados a Dios y comprométase a arrepentirse de cada uno de ellos.

4. Repase las características del perdón de Dios. Examine las características del perdón que usted practica en su vida. ¿Refleja usted la misericordia de Dios en cómo perdona a otros? ¿Perdona usted a otros por muy pecadores que sean? ¿Está listo y dispuesto para perdonar a otros o es usted más pronto a condenarlos? ¿Está usted tan seguro del perdón de Dios que se lo predica a otros, convenciéndolos de la promesa de Dios de perdonarlos si ellos vienen a Él? ¿Está tratando de crecer para poder reflejar el perdón inigualable de Dios en sus relaciones con otros? ¿Está usted motivado a perdonar a otros en base al perdón que Dios le ha dado? La mayoría de nosotros necesitamos crecer en todas esas áreas. Lea Efesios 4:32 y hágalo la meta de sus relaciones.

INTIMIDACIÓN ESPIRITUAL, 1.ª PARTE

INTRODUCCIÓN

Todos nosotros podemos ser intimidados. Pero una de mis preocupaciones primordiales es la intimidación que los cristianos sufren en nuestros días. Estamos siendo presionados a una escala masiva y muy eficaz, y creo que es hora de que lo reconozcamos, nos rehusemos a ser intimidados, y reevaluemos en dónde estamos y qué tenemos como cristianos —para ver por qué no podemos inclinarnos ante este tipo de presión. El cristiano es constantemente intimidado por las tentaciones y la influencia de la falsa doctrina. Todo buen pastor, buen anciano, buen maestro y cristiano responsable, debe advertirle a su rebaño, a sus hermanos creyentes, acerca de esto.

REPASO

La carta a los colosenses es una refutación abierta de los falsos maestros. Afirma la verdad básica del cristianismo desde el principio y luego hace frente a las herejías de la época que estaban negando la verdad. La verdad básica del cristianismo es Cristo: Cristo es suficiente; Cristo es todo; Cristo es Dios; Cristo es Salvador; Cristo redime; Cristo es todo lo que usted necesita. Ese es el mensaje. Y después de afirmar ese mensaje de la manera más poderosa y potente que él puede (Col. 1:15–2:7), Pablo entonces ataca a las herejías que lo negarían y dirían: "Está bien tener a Cristo, pero todavía necesitan más que eso". Y los pobres colosenses, que hasta ahora habían pensado que Cristo era todo lo que necesitaban, que tenían todo al tenerlo a Él, y que habían recibido todo al ser salvos, ahora se les estaba diciendo que estaban muy lejos de haber recibido lo que Dios da gratuitamente a pecadores penitentes. Se les estaba diciendo que había más cosas que ellos debían buscar, niveles más altos que necesitaban alcanzar para ser creyentes verdaderos. La intimidación y apelación estaban aumentando, y estos creyentes fueron tentados a ceder. Entonces, Pablo escribe esta carta para decirles que Cristo es todo lo que necesitan. Colosenses 2:10 resume la primera parte de la carta: "Y vosotros estáis completos en él, que es la cabeza". Usted está completo en Cristo. No falta nada; no hay insuficiencia.

Colosenses 2:8 comienza la pequeña sección a la mitad del libro que es el corazón de la carta. Es el ataque frontal de Pablo contra los herejes que estaban atribulando a la iglesia en Colosas. Hubo cuatro aspectos diferentes en su herejía: filosofía, legalismo, misticismo y ascetismo. Pablo refuta todo eso.

I. FILOSOFÍA (COL. 2:8–15)

Vimos cómo Pablo trató con la filosofía humana; después confrontó el legalismo.

LECCIÓN

II. LEGALISMO (COL. 2:16–17)

Los herejes no solo estaban diciendo: "No van a poder ser salvos porque no conocen la filosofía humana; hay cosas que todavía no han aprendido", también dijeron: "Debes comprometerte con la religión del mérito humano. Es Cristo *más* la justicia por obras". Comenzando en el versículo 16, Pablo responde a ese tipo de intimidación y es aquí donde destaca el aspecto más bien judío de la herejía colosense.

A. La sumisión a las sombras (v. 16)

"Por tanto, nadie os juzgue en comida o en bebida [literalmente "comiendo o bebiendo"], o en cuanto a días de fiesta, luna nueva o días de reposo".

Pablo les dice a los cristianos colosenses: "Esas personas están tratando de intimidarlos con el legalismo. Están tratando de juzgarlos por lo que comen, lo que beben, si asisten a la Pascua, Pentecostés, la Fiesta de los Tabernáculos, la Fiesta de las Luces, si hacen su sacrificio el primer día del mes (la luna nueva), si se someten a todas las leyes, reglas y rituales del Día de Reposo". Esos herejes estaban diciendo: "No es suficiente conocer a Cristo; tienen que conocer a Cristo *y* guardar la ley judía". Incluso algunos rituales griegos y paganos estaban mezclados ahí, así que era un desastre. Pero su punto era que la salvación y la espiritualidad estaban basados en Cristo *más* guardar ciertos rituales.

El legalismo es medir su espiritualidad por su capacidad de guardar las reglas hechas por el hombre. Es la justicia personal de evaluar y definir su espiritualidad por su sumisión a estándares no bíblicos. Eso no es obediencia justa.

1. El juicio externo (v. 16)

   "Por tanto, nadie os juzgue…"

   Debido a que Cristo le ha dado salvación completa, perdón completo y victoria completa (vv. 11–15), debido a que todo está completo en Él, no deje que nadie lo juzgue espiritualmente por los rituales que sigue o deja de seguir. Los colosenses estaban enfrentando una gran presión para conformarse a patrones legalistas —primordialmente los judíos. Recuerde, Colosas era una ciudad gentil; la gente generalmente no guardaba la ley judía. Así que no se trataba de que los creyentes en esa iglesia mantuvieran una parte de su herencia; les estaban imponiendo algo que ni siquiera entendían. Entonces, Pablo está advirtiendo a todo el grupo que no renuncien a su libertad en Cristo y a su espiritualidad verdadera por mera conformidad externa. Era un peligro serio.

a. El establecimiento de la libertad

Pablo dijo: "No sacrifiquen su libertad en Cristo para ceñir su vida a reglas hechas por el hombre. Cristo ha cancelado la esclavitud de la ley". Colosenses 2:14 dice que Cristo anuló "el acta de los decretos que había contra nosotros, que nos era contraria... clavándola en la cruz". El sistema Judío de regulaciones terminó en la cruz —Cristo lo concluyó para siempre. Debido a que Él ganó una victoria completa, de una vez por todas, para los cristianos enredarse nuevamente en un sistema de ley es mero legalismo, y a la vez sin sentido y dañino. "Estad, pues, firmes en la libertad con que Cristo nos hizo libres, y no estéis otra vez sujetos al yugo de esclavitud" (Gá. 5:1). Cristo los liberó *para que fueran libres* —no regresen al legalismo. Considere lo ridículo que sería esperar que el Señor Jesucristo abriera la puerta de nuestra cárcel, liberándonos, solo para meternos en otra celda. Él nos dio libertad real y perpetua.

b. La evaluación de la libertad

Pablo les dijo a los colosenses: "No sean seducidos, no sean engañados, no dejen que nadie emita un juicio espiritual de ustedes en base a su conducta externa. No dejen que nadie evalúe su espiritualidad sobre esa base".

1) El criterio innecesario

Siempre habrá personas que quieren juzgar la espiritualidad de todo mundo por lo que hacen externamente: lo que comen, lo que beben —básicamente, si parecen ser cristianos por fuera. Hay cristianos que, al ver a alguien con un cigarrillo, inmediatamente llegan a una conclusión acerca de la espiritualidad de esa persona, o al ver a alguien tomando una copa de vino o de cerveza, inmediatamente dicen: "Esa persona no es cristiana" o "esa persona es carnal", porque tienen cierto estándar por el que piensan que todos los cristianos deben vivir. El problema con ese tipo de evaluación es que un no cristiano podría calificar en cada una de esas áreas. Claro que los creyentes verdaderos manifestarán ciertos patrones de conducta, pero los impostores también pueden conformarse a lo externo.

Por eso Pablo dice: "No dejen que nadie juzgue su espiritualidad por lo externo, ya sea si comen carne ofrecida a ídolos, o si toma o no toma vino". Cuando juzga de esa manera, usted hace del cristianismo un concurso de apariencias y el problema de la hipocresía aparece.

a) Tito 1:14–16—"[No pongan atención] a fábulas judaicas, ni a mandamientos de hombres que se apartan de la verdad. Todas las cosas son puras para los puros, mas para los corrompidos e incrédulos nada les es puro; pues hasta su mente y su conciencia están corrompidas. Profesan conocer a Dios, pero con los hechos lo niegan, siendo abominables y rebeldes, reprobados en cuanto a toda buena obra". Algunas personas se enmascaran con un exterior que se ve bien, pero internamente están reprobados.

b) Romanos 14:5—Algunas personas obedecen el Día de Reposo, otras no; pero ese no es el criterio para juzgar la espiritualidad.

c) 1 Timoteo 4:2–3—"La hipocresía de mentirosos que, teniendo cauterizada la conciencia, prohibirán casarse, y mandarán abstenerse de alimentos que Dios creó para que con acción de gracias participasen de ellos los creyentes y los que han conocido la verdad". Algunas personas tienen todo tipo de reglas rígidas: no puedes comer esto o aquello, no puedes casarte, entre otras cosas. No son más que hipócritas y propagadores de las doctrinas de demonios (vv. 1–2).

Lo externo no es una medida válida para evaluar la espiritualidad. Algunas personas se conforman a todas ellas, pero no son más que hipócritas carnales. Por eso, Pablo dice a los colosenses: "No dejen que nadie les robe su libertad comprada con sangre".

2) La restricción necesaria

Al mismo tiempo, observe que usted *debe* restringir su libertad para servir a cristianos más débiles o incrédulos a los que usted podría ofender, ante quienes usted representa a Cristo. Cuando lo que está en juego es un cristiano más débil cuya conciencia no le permitirá hacer ciertas cosas, entonces usted tampoco debe hacerlas para que no hiera su conciencia (Ro. 14–15). Además, el Concilio de

Jerusalén concluyó que, aunque hay ciertas cosas que está bien hacer, era correcto *no* hacerlas por causa de la comunidad de judíos no salvos que se habrían ofendido (Hch. 15).

Cuando usted está tratando con falsos maestros, Pablo dice que disfrute su libertad en Cristo y no deje que la limiten con su sistema de justicia por obras. Para ellos, no solo es un asunto de conciencia personal, es una mentira satánica que viene del infierno. Porque están tratando de decir que Cristo no es suficiente para salvar, no es suficiente para hacerlo a usted espiritual y madurarlo, que debe tener justicia por obras —por esas razones usted tiene que ignorarlos y vivir la verdad.

2. Los estándares externos (v. 16)

   a. Alimentos específicos

      "... en comida o en bebida..."

      1) Las raíces del Antiguo Testamento

         Las normas dietéticas que prescribían los falsos maestros de Colosas, indudablemente tenían raíces en el Antiguo Testamento. La ley mosaica regulaba ciertos aspectos del comer y beber, como los siguientes:

a) Levítico 10:9—"Tú, y tus hijos contigo, no beberéis vino ni sidra cuando entréis en el tabernáculo de reunión, para que no muráis". Los sacerdotes recibieron ciertas prohibiciones únicas, especialmente en relación con su ministerio delante del Señor.

b) Números 6:3; Jueces 13:4—El voto nazareo era de abstinencia: "Se abstendrá de vino y de sidra; no beberá vinagre de vino, ni vinagre de sidra, ni beberá ningún licor de uvas, ni tampoco comerá uvas frescas ni secas" (Nm. 6:3). Jueces 13:4 agregó: "Ni comas cosa inmunda". El Antiguo Testamento prescribió ciertas normas para los hijos de Dios que tenían una posición definida de manera única.

Las leyes de Dios para Israel pudieron haberlos guardado de comer algo nutricionalmente dañino, pero Su propósito primordial era separar a Su pueblo por su cultura y práctica únicas. La Escritura es clara en que Dios quería un pueblo peculiar —así que Él intencionalmente apartó a Sus escogidos de ciertas cosas y en ciertas maneras. Esta dieta era una barrera dada por Dios para que Israel no se mezclara con los pueblos que la rodeaban.

2) La revelación del Nuevo Testamento

Bajo el Nuevo Pacto, esas leyes fueron dejadas a un lado.

a) Marcos 7:15—Jesús fue el primero en revelar el cambio del Antiguo al Nuevo Pacto que Su venida trajo: "Nada hay fuera del hombre que entre en él, que le pueda contaminar". Ese concepto era revolucionario y escandaloso para los judíos, que siempre habían pensado que uno se contaminaba por contacto o asociación. Pero Jesús reveló que "lo que sale de él [del hombre], eso es lo que contamina al hombre" —la envidia, el homicidio, los malos pensamientos.

b) Hechos 10—La visión que Dios le dio a Pedro ilustró aún más la verdad de que el sistema del Antiguo Testamento había sido abolido.

c) Hechos 15—En el Concilio de Jerusalén las costumbres del Antiguo Testamento fueron formalmente declaradas como abolidas.

d) Romanos 14:17—"El reino de Dios no es comida ni bebida, sino justicia, paz y gozo en el Espíritu Santo".

Las realidades espirituales son internas y las leyes dietéticas no les añaden nada. Pero los falsos maestros continuaron ofreciendo la mentira satánica número uno de todos los tiempos: Cristo no es suficiente; tiene que ser Cristo más las obras. Todo sistema falso en el mundo dice que usted es salvo por obras. Son falsificaciones satánicas; Satanás trata de falsificar la gracia con obras. El cristianismo es la única religión en toda la historia que es puramente un sistema de gracia.

Así que, los herejes se aferraron a su postura, diciendo que la gente necesitaba a Cristo más la justicia por las obras. Pero Pablo dice en Gálatas 5:2 que, si usted tiene a Cristo más otra cosa, usted pierde a Cristo.

b. Días específicos

"... o en cuanto a días de fiesta, luna nueva o días de reposo..."

No deje que nadie defina su espiritualidad en base a si usted asiste o no a una Pascua, a Pentecostés, a la Fiesta de los Tabernáculos, a la Fiesta de las Luces o a cualquiera de las fiestas enumeradas en Levítico 23; así como tampoco en relación con una luna nueva (Números 28:11 dice que se hacía un sacrificio el primer día del mes de la luna nueva) o al Día de Reposo.

1) Aferrándose a los estándares

Algunas personas todavía se aferran a festivales y ritos como los estándares de espiritualidad. A veces le pregunto a alguien: "¿Cómo sabes que eres cristiano?". Y responde: "Voy a la iglesia en Semana Santa, en Navidad y algunas otras veces". ¿Acaso eso lo hace cristiano? Él dice: "No fumo, no bebo; soy amable". Ese es un lado del espectro. El otro lado es este: "No creo que esas personas sean cristianas. No vienen los domingos por la noche. La iglesia verdadera ora en nuestras reuniones de miércoles por la noche". Hay gente que dice: "¿Cómo puede ser cristiano si fuma?". "No sé si es cristiano; lo vi con una cerveza". Según ese tipo de evaluación, se podría decir de esas personas: "No sé si son cristianos; son chismosos".

Los cristianos gentiles nunca debían someterse a la ley judía. ¿Por qué fueron presionados a hacerlo? Satanás quería convencerlos de que Cristo no era suficiente. Así que, Pablo contraataca: "En él habita corporalmente toda la plenitud de la Deidad, y vosotros estáis completos en él" (Col. 2:9–10). Usted es totalmente salvo, totalmente perdonado y totalmente victorioso. Ese es todo el mensaje de los versículos 11–15.

2) Aferrándose al Día de Reposo

Pablo dice: "No dejen que nadie los moleste por el Día de Reposo". Él incluyó esto porque también se estaba convirtiendo en una imposición legalista. Los judíos e incluso algunos judíos cristianos guardaban el Día de Reposo. Pablo dijo en Romanos 14 que, si un hermano más débil todavía tenía su conciencia inclinada hacia el Día de Reposo, por haber sido criado así, no lo molestaran. Pero no le diga a un grupo de gentiles que no saben nada al respecto que tienen que observarlo para ser salvos.

Desde el principio, la iglesia gentil se había reunido el Día del Señor, el primer día de la semana. En Romanos 14:6 Pablo dice: "El que hace caso del día, lo hace para el Señor; y el que no hace caso del día, para el Señor no lo hace. El que come, para el Señor come, porque da gracias a Dios; y el que no come, para el Señor no come, y da gracias a Dios". De cualquier manera está bien; es del Señor. Para ser sensible a los judíos, particularmente en Jerusalén y debido a que era el día de descanso de trabajo semanal, la primera iglesia probablemente guardó el Día de Reposo.

> Eso significa que seguramente tenían que trabajar el domingo. Es muy probable que adoraban juntos el sábado por la tarde, después del Día de Reposo —que iba desde la puesta del sol del viernes hasta la puesta del sol del sábado— y muy temprano el domingo por la mañana antes de regresar al trabajo. Mantenían el descanso del Día de Reposo, pero comenzaban su adoración el primer día de la semana. Por ejemplo, Pablo predicó más allá de la medianoche hasta la mañana (Hch. 20:7–11).

Entonces, Pablo está dando una fuerte advertencia en contra de dejarse intimidar por personas que quieren imponer un sistema legalista.

B. La sustancia de la sombra (v. 17)

"... todo lo cual es sombra de lo que ha de venir; pero el cuerpo es de Cristo".

Todas esas reglas y legalismos eran solo sombras que anticipaban la llegada de alguien —la de Cristo. Una vez Él llegara, usted no necesitaría la sombra. Las personas que vivían bajo esas reglas se contentaban con vivir en el lado sombrío de la religión, en donde el temor acecha y las inhibiciones abundan. Pablo dice: "Salga de la sombra; la realidad está aquí". Podemos decirlo así: ¿Por qué considerar como ordenanzas indispensables ciertas cosas relacionadas con la comida, cuando el que fue

> anunciado por el maná de Israel se ofrece a Sí mismo como el verdadero Pan de Vida? ¿Cómo puede ser considerada la observancia de la Pascua como un medio para la perfección espiritual, cuando nuestro Cordero de la Pascua ya ha sido sacrificado para perfeccionar a los santos? ¿Qué justificación podría haber para exigir que los gentiles convertidos guarden la ley del Día de Reposo judío, cuando el que trae reposo eterno ya nos lo ha concedido? Y si eso fue verdad de las normas del Antiguo Testamento que Dios había hecho, ciertamente fue verdad de las muchas reglas humanas de los falsos maestros con las que Dios no tuvo nada que ver.
>
> Estos legalistas estaban tratando de convencer a los colosenses de que Cristo no era suficiente para salvar. Estaban negando la suficiencia total y la preeminencia de Cristo. Esa es la peor mentira que existe.

Entonces, ¿estoy diciendo que no debemos venir a la iglesia, que debemos fumar, tomar y hacer lo que queramos? No, estoy diciendo que esas cosas no son la base apropiada para juzgar la espiritualidad. El juicio verdadero se lleva a cabo cuando Dios "aclarará también lo oculto de las tinieblas, y manifestará las intenciones de los corazones" (1 Co. 4:5). Ese es el principio. Pablo dice: "La espiritualidad no es una cuestión de rituales externos, sino de una relación interna con Jesucristo. No dejen que nadie los intimide considerando lo que hacen o no hacen, como lo que determina si son espirituales".

III. MISTICISMO (COL. 2:18–19)

Habiendo hablado de la filosofía y el legalismo, Pablo pasa al misticismo. Los falsos maestros también estaban tratando de intimidar a los colosenses en esa área. El misticismo es una experiencia religiosa aparentemente más profunda o superior, basada en la subjetiva intuición personal. Es alguien que dice: "He tenido una experiencia que no puedo definir, pero he tocado a Dios". Los herejes estaban afirmando esto: "Tenemos una unión mística con Dios más alta, más amplia, más profunda y más grande. Hemos alcanzado una humildad y una piedad como usted nunca ha experimentado. Nos hemos conectado con los *eones*, los semidioses y los subdioses, y hemos subido la escalera a la presencia de la única deidad verdadera". Ese tipo de conversación se sigue escuchando hoy en día.

A. La insuficiencia del conocimiento superior (vv. 18–19)

"Nadie os prive de vuestro premio, afectando humildad y culto a los ángeles, entremetiéndose en lo que no ha visto, vanamente hinchado por su propia mente carnal, y no asiéndose de la Cabeza..."

¿Qué está diciendo Pablo? No dejen que nadie les diga que están descalificados para obtener el premio de la espiritualidad porque no han alcanzado cierto nivel de abnegación, entendido la adoración de ángeles o no han tenido las visiones correctas. Esas personas están infladas por sus propias mentes carnales. Lo que no están haciendo es aferrarse de la Cabeza, Jesucristo. Ellos dicen: "La salvación es Cristo más mis visiones, más mis experiencias con los ángeles, más mi experiencia esotérica".

Ese es el corazón de la herejía que plagó la iglesia durante varios siglos —conocida como Gnosticismo. El Gnosticismo se volvió una herejía prevaleciente en la iglesia primitiva. Enseñaba que para ser cristiano, usted debía tener un conocimiento mayor, más elevado y una experiencia más profunda con Dios, la cual venía mediante un conocimiento de varias emanaciones y subdioses, de los cuales Cristo solo era uno. Usted ascendía por la escala de estos subdioses hasta llegar a Dios. Usted había alcanzado un punto de gran humildad y piedad cuando había experimentado esas cosas místicas.

Todo eso es muy intimidante porque usted no tiene idea de lo que están hablando. Alguien me dijo una vez: "Jesús vino a mi habituación, puso Su brazo sobre mí y habló conmigo". ¿Qué puedo decir? No estoy familiarizado con eso.

1. El peligro del fraude

   Pablo dice: "Nadie os prive de vuestro premio". ¿Qué premio? Es el premio de la verdadera espiritualidad, salvación y plenitud. No deje que nadie le diga que está descalificado y que no recibirá el premio porque no alcanzó el conocimiento superior, el tipo especial de abnegación, humildad piadosa, el conocimiento superior de diversos ángeles o las súper visiones. En el versículo 16 Pablo dice: "No dejen que los legalistas los condenen" y aquí él dice: "No dejen que los místicos los condenen". No dejen que estos farsantes los intimiden con lo que ustedes no han experimentado para hacerlos pensar que realmente no conocen a Dios en absoluto. Pablo dice que ellos no creen que Jesús es suficiente; creen que la realidad secreta es Jesús más algún superconocimiento —y esa es una mentira que viene directamente del infierno.

2. Los detalles del fraude

   a. Deleitándose en humildad

      Pablo dice que esas personas se deleitan en la abnegación. Su propia humildad les emociona; están orgullosos de ser humildes. Un escritor dijo: "La humildad —la flor más dulce y hermosa que floreció en el Edén, y la primera que murió— rara vez ha florecido desde ese entonces en tierra mortal: es algo tan frágil, tan delicada, que desaparece con solo mirarse a sí misma; y el que se atreve a estimarla como suya, muestra por ese solo pensamiento, que no la tiene" (Caroline Fry, citada por J. M. M'Culloch, *A Series of Lessons, in Prose and Verse, Progressively Arranged*, ed. [Edinburgh: Oliver and Boyd, 1882], 171). La supuesta humildad de los falsos maestros no era más que un horrible orgullo.

b. Adorando ángeles

Ellos también adoraban ángeles. ¿De qué sirve eso? Solo hay un mediador entre Dios y el hombre, y ese es Cristo Jesús. Estaban adorando ángeles y negando al único mediador. William Hendriksen dice que hay evidencia de que la adoración de ángeles era más bien prevaleciente en la región de Colosas en ese tiempo (*Colosenses y Filemón* [Grand Rapids: Libros Desafío, 2007], 148). Sabemos que la comunidad esenia se inclinaba hacia la adoración de ángeles (uno de sus escritos dice que guarden cuidadosamente los nombres de los ángeles), pero la Biblia prohíbe esa práctica. El apóstol Juan trató de adorar a un ángel dos veces (Ap. 19:10; 22:8–9); en ambas ocasiones el ángel dijo: "No lo hagas; yo soy consiervo tuyo, y de tus hermanos que retienen el testimonio de Jesús. Adora a Dios" (Ap. 19:10). Los ángeles mismos obedecen fielmente el mandato de Dios.

c. Tomando una postura sobre las visiones

En Colosenses 2:18, Pablo dice que los falsos maestros estaban "basándose en [sus] visiones" (NBLA). Estas personas dicen: "Lo siento por

> ustedes. Yo he visto cosas más allá de lo que ustedes han visto. He comprendido cosas y conozco los secretos que el hombre corriente no conoce. Tomo una postura firme ahí". Lo hacen sentir a usted como un cristiano de segunda clase.

Todos ellos son muy intimidantes —los superpiadosos, hipócritas y abnegados que tienen experiencias más profundas con ángeles, ven visiones y reciben revelaciones especiales, mientras que el resto de nosotros estamos sentados en los estudios bíblicos simplemente tratando de entender lo que dice en la página. Por eso, Pablo dice a los colosenses: "¡No sean intimidados! No dejen que nadie les quite el premio y les diga: 'Están descalificados para la espiritualidad porque no han tenido la experiencia más importante'".

3. La denuncia del fraude

La verdad es que un individuo que afirma esas cosas está "vanamente hinchado por su propia mente carnal" (v. 18). Eran culpables de la peor hipocresía que existe —la soberbia espiritual. Y no tenían el espíritu verdadero. Además, no estaban "asiéndose de la Cabeza" (v. 19). Usted necesita a Jesucristo y nada más. Él es todo en todo. Usted no necesita visiones especiales, no necesita conversaciones con ángeles, no necesita algún tipo de piedad autoimpuesta y no necesita guardar un montón de reglas.

B. El crecimiento del Cuerpo (v. 19)

"... asiéndose de la Cabeza, en virtud de quien todo el cuerpo, nutriéndose y uniéndose por las coyunturas y ligamentos, crece con el crecimiento que da Dios".

Simplemente debe aferrarse de Aquel que mantiene unida a toda la iglesia. No se intimide. No deje que esas personas le digan que las obras, la justicia personal, la humildad falsa, la adoración de ángeles, las visiones y revelaciones especiales tienen que añadirse a la suficiencia de Cristo para llevarlo a la espiritualidad. Esa es una mentira salida directamente del infierno que deshonra a Cristo. Creo que la mentira satánica más grande en la actualidad es que si usted es cristiano, todavía no tiene todo lo que necesita. Eso es una mentira. Usted no necesita nada más. Usted está completo en Él. Pedro dice que usted ha recibido "todas las cosas que pertenecen a la vida y a la piedad" (2 P. 1:3).

La mentira es insidiosa e intimidante. El Señor Jesús es la cabeza; Él mantiene unido el cuerpo y produce el crecimiento. Él es todo lo que usted necesita para crecer en madurez espiritual.

IV. ASCETISMO (COL. 2:20–23)

Pablo había refutado la filosofía, el legalismo y el misticismo. Él pasa a la última cosa que los falsos maestros usaban para intimidar a los cristianos colosenses: el ascetismo.

El diccionario define a un asceta como alguien que vive en abnegación rigurosa por razones especialmente espirituales. Un asceta se despoja de todo y vive de manera monástica. Los farsantes religiosos de Colosas estaban diciendo que la espiritualidad verdadera es alcanzable solo mediante dicha abnegación. La iglesia ha sido intimidada por esta mentira durante siglos —que las personas verdaderamente espirituales se vuelven monjes o monjas y se van a vivir en aislamiento o viven vidas de abstinencia extrema y rígida, sin poseer nada y viviendo en absoluta pobreza.

A. La perversión de la abnegación (vv. 20–21)

"Pues si habéis muerto con Cristo en cuanto a los rudimentos del mundo, ¿por qué, como si vivieseis en el mundo, os sometéis a preceptos tales como: No manejes, ni gustes, ni aun toques..."

Su unión con Cristo en Su muerte ha causado que usted muera a los rudimentos del mundo, y que esté separado de religiones humanas fundadas en la filosofía, el legalismo, el misticismo y la abnegación erróneamente motivada. Los redimidos son liberados de las reglas impuestas hechas por el hombre, diseñadas para darle la apariencia de santidad. El mundo dice: “Si quieres ser realmente santo, renuncia a todo, despójate de todo y vete a vivir en abstinencia total”. Si usted hace eso, simplemente está siguiendo el sistema de religión falsa del mundo.

1. El trasfondo

   Históricamente, muchos ascetas creían que el cuerpo era malo. Los escritos testifican que algunos monjes consideraban que era un pecado bañarse porque verían su cuerpo. Creían que el matrimonio era un experimento de Satanás que los separaría del Señor porque verían el cuerpo de alguien más. Atanasio aplaudió la devoción de Antonio, quien nunca se cambió el chaleco ni lavó sus pies —y eso era digno de reconocimiento. Antonius relató con orgullo que tal era el ascetismo santo de Simeón el Estilita que, cuando caminaba, bichos caían de su cuerpo. Algunos de los primeros padres de la iglesia, engañados por el ascetismo, se castraron a sí mismos como un acto de abnegación, buscando alcanzar la santidad mediante dichas prácticas.

   No estoy diciendo que usted nunca debe practicar la abnegación. Si Dios desea que usted y yo vivamos como el misionero Hudson Taylor, lograr lo que él hizo y ser el hombre de Dios en el lugar que él estuvo, entonces eso es glorioso. Pero él nunca lo hizo para *alcanzar* la espiritualidad, lo hizo en obediencia porque ese fue el llamado de Dios para él. Esa es la diferencia.

2. La base

Los falsos maestros insistieron en que una dieta sencilla y ropa sencilla eran necesarias para la espiritualidad. Observe que el versículo 21 dice: "No manejes, ni gustes, ni aun toques". Dicho de otra manera: no más aceite, no más vino, no más carne, ningún contacto con cualquier extraño o religioso inferior.

B. La destrucción del logro personal (v. 22)

"… (en conformidad a mandamientos y doctrinas de hombres), cosas que todas se destruyen con el uso?".

Eso quiere decir, ¿por qué le están atribuyendo valor inherente a lo que está destruyéndose? Dios no espera que todos vivamos en pobreza. Si a eso es a donde Dios lo llama específicamente, eso es glorioso. Si Dios escoge darle cosas —como lo hizo con Abraham, Isaac, Jacob y Job— y bendecirlo de esa manera, eso también es glorioso. Dios no dice que es pecaminoso ser rico. Él dice que, si usted es rico, usted debe hacer el bien y compartir sus riquezas (1 Ti. 6:17–18). No es una cuestión de si usted tiene o no, sino de cómo utiliza lo que tiene.

La espiritualidad no es determinada por eso. La espiritualidad no es Cristo más pobreza, Cristo más nunca bañarse, Cristo más ir a vivir en un monasterio —no es Cristo más algo. Todas esas cosas van a destruirse. Solo son mandamientos y enseñanzas de hombres —solo religión humana.

C. La preocupación con la gloria personal (v. 23)

"Tales cosas tienen a la verdad cierta reputación de sabiduría en culto voluntario, en humildad y en duro trato del cuerpo; pero no tienen valor alguno contra los apetitos de la carne".

Este versículo es realmente difícil de traducir, así que voy a elaborar mi propia traducción para que podamos entenderlo juntos: las reglas de este tipo tienen una reputación de sabiduría; intimidan y parecen ser de sabiduría divina. Un hombre guarda todas las reglas, tiene las visiones más elevadas, se comunica con los ángeles, recibe revelaciones y está en abnegación total de pobreza, todo eso debido a la humillación de sí mismo y al trato severo del cuerpo. Pero todo eso no tiene valor porque solo sirve para satisfacer la carne. Eso simplemente es carnalidad —tratar de glorificarse a sí mismo como el que puede salvarse o hacerse espiritual.

El ritual, el misticismo y la pobreza autoimpuestas para aparentar piedad y santidad solo complacen a la carne. Esa religión es impía porque su gente se adora a sí misma. Su humildad es falsa, nada más que una máscara de soberbia espiritual. Su abnegación es falsa, un esfuerzo por mostrarse más santos que los demás. Todos esos ejercicios simplemente satisfacen su carne. Los colosenses estaban siendo intimidados por ellos, y usted y yo hemos sido intimidados por el mismo tipo de personas. Quizás no sean tan comunes en nuestra sociedad, pero persisten.

CONCLUSIÓN

Todavía tenemos falsos maestros así en la actualidad. Cuando alguien le dice: "La espiritualidad es Cristo más la conducta externa —Cristo más lo que come, lo que tomas", eso es hiperfundamentalismo ritualista, estricto y legalista. Y puede ser intimidante. Recuerdo un tiempo en el que fui muy intimidado —me volví paranoico por las cosas que hacía porque pensaba que eran las únicas cosas que validaban mi espiritualidad. Un hombre me dijo en una ocasión: "No eres espiritual; no vas a las reuniones de oración". Le contesté: "¿Qué tiene que ver eso con mi espiritualidad? ¿Cómo sabes que no paso todo el día y toda la noche en oración?". Él dijo: "La gente espiritual asiste a reuniones de oración". He experimentado ese tipo de legalismo; sé cómo es. Usted no debe ser intimidado por eso.

Para algunas personas la espiritualidad es Cristo más una visión especial o Cristo más una experiencia especial. La gente me ha preguntado: "¿Has experimentado la vida más profunda?". Yo respondo: "¿Qué es?". Nunca he entendido de qué hablan. Viví algunos de mis días de universidad con verdadera ansiedad en mi corazón porque no podía experimentar la vida más profunda. Alguien en un testimonio decía: "Desde que recibí la segunda bendición" o "desde que me di cuenta de esta cierta cosa, he experimentado el caminar superior". No sabía de qué estaban hablando y me sentí como si solo estuviera haciendo lo mismo de siempre. Algunas personas eran más elevadas, otras eran más profundas y yo no era ninguna de las dos. Pasé por ese tipo de intimidación.

Estoy tratando de decirle lo que Pablo dijo: "Si usted tiene a Cristo, lo tiene todo". Si usted tiene Su Palabra, tiene todo lo que necesita; si tiene Su Espíritu, tiene todo lo que necesita. No deje que nadie le diga que necesita agregar un sistema de obras de justicia, visiones y revelaciones especiales, o un estilo de vida ascético de abnegación. Si usted está buscando su espiritualidad en alguna de esas áreas, usted acaba de pasarla de largo. Y yo agregaría esto: no sea culpable de intimidar a alguien más. En la mayoría de los casos, tendemos a intimidar a las personas por lo que decimos, pero tendemos a animarlas por lo que somos.

ENFOCÁNDOSE EN LOS HECHOS

1. ¿Cuál es la verdad básica del cristianismo?

2. Defina el legalismo. ¿Qué enseñaban a los colosenses aquellos que sostenían la herejía del legalismo?

3. ¿Por qué los cristianos colosenses no tenían que ceñir sus vidas a reglas hechas por el hombre? Apoye su respuesta.

4. ¿Por quiénes deben los cristianos restringir su libertad? ¿Por qué? ¿Por quiénes no deben los cristianos restringir su libertad?

5. ¿Cuál es la manera habitual en que las religiones falsas tratan de falsificar la gracia? ¿Cómo enseña todo sistema falso que usted debe ser salvo?

6. ¿A qué se refiere el término "sombra" en Colosenses 2:17? ¿A la llegada de quién anticipaba esa sombra? ¿Cómo se llevará a cabo el juicio verdadero?

7. ¿Qué es el misticismo? ¿Cuáles fueron los tres aspectos de la herejía del misticismo que amenazaban a los colosenses? Explique cada uno.

8. ¿Cuál es el peor tipo de hipocresía? ¿Cuál es la mentira satánica más grande que está siendo proclamada incluso en la actualidad?

9. ¿Qué es un asceta? ¿Cuándo es apropiada la abnegación?

10. ¿Cuál es el resultado final de los "mandamientos y doctrinas de hombres" (Col. 2:22)?

PONDERANDO LOS PRINCIPIOS

1. ¿Es importante que usted evalúe la espiritualidad de otra persona o debe evitar hacerlo? Busque Mateo 7:6, 15–20; Gálatas 1:8; 1 Juan 2:18–23; 4:1–6; 2 Juan 7–10. Según esos versículos, ¿qué deberíamos evaluar? ¿Y según Mateo 18:15–17; 1 Corintios 5:9–13; Gálatas 6:1? ¿Cómo reconcilia usted esos versículos con Mateo 7:1–5? ¿Qué es lo primero que cualquier creyente debe hacer antes de evaluar a alguien más, según los versículos 3–5? Con frecuencia condenamos las pajas metafóricas de otros mediante ataques verbales o chismes. ¿Cómo está usted en esta área? Haga el compromiso de no condenar a otros, sino de evaluar su doctrina según la Palabra de Dios y de restaurar a un hermano atrapado en el pecado.

2. Lea 1 Corintios 8. Según esos versículos, ¿cuándo debe usted refrenar su conducta? ¿Por qué? ¿Cuáles son algunas de las cosas que usted podría hacer hoy que colocarían una piedra de tropiezo en el camino de un cristiano más débil? ¿Ha habido veces en las que usted ha hecho o pudo haber hecho tropezar a un cristiano más débil? ¿Qué debería usted haber hecho en esas situaciones para evitarlo? Cuando usted hiere a otro creyente, ¿contra quién ha pecado realmente? Para que recuerde cómo debe conducirse con respecto a un hermano más débil, memorice 1 Corintios 8:9: "Pero mirad que esta libertad vuestra no venga a ser tropezadero para los débiles".

3. ¿Alguna vez ha sido intimidado por algún tipo de doctrina falsa? Mencione algunos ejemplos de cuando eso ocurrió. ¿Cómo respondió usted? ¿Cómo se sintió? ¿Percibió que estaba haciendo lo correcto o lo incorrecto? Habiendo estudiado esta lección, ¿cómo respondería usted ahora, si esas situaciones se repitieran? ¿Qué es lo más importante que usted debe hacer para no sucumbir ante nuevas intimidaciones?

INTIMIDACIÓN ESPIRITUAL, 2.ª PARTE

INTRODUCCIÓN

Usted siempre puede determinar la verdadera virtud de una persona por lo que busca ganar y lo que realmente ama. De hecho, usted puede evaluar fácilmente su propia virtud de la misma manera. Pregúntese, ¿cuáles son las tres cosas que estoy buscando con mayor esfuerzo en este momento? Eso será un buen monitor para saber si su preocupación es celestial o terrenal. Si usted está atorado en esa pregunta, pregúntese esto: ¿Cuáles son las tres cosas que más amo? Y si no sabe cómo responder a esa pregunta, pregúntese lo siguiente, ¿cuáles son las tres cosas en las que más pienso? Así llegará a la respuesta. Usted puede conocer cuál es la virtud verdadera de un hombre por la preocupación de su mente. Lo que una persona piensa revela en dónde está su tesoro. ¿En dónde está su corazón? ¿En dónde está la concentración de su vida? ¿En qué piensa la mayor parte del tiempo?

El creyente debe pensar de manera celestial. Eso es lo que Jesús quiso decir cuando dijo: "Haceos tesoros en el cielo... Porque donde esté vuestro tesoro, allí estará también vuestro corazón" (Mt. 6:20–21). Pablo dijo lo mismo: "Todo lo que es verdadero, todo lo honesto, todo lo justo, todo lo puro... en esto pensad" (Fil. 4:8). ¿En dónde está su preocupación? Pablo dice que debe estar en las cosas de arriba y no en las cosas de la tierra (Col. 3:2).

REPASO

Recuerde a partir de nuestra explicación de Colosenses 2:8–23 que los falsos maestros pensaban que la espiritualidad era algo que usted buscaba mediante cuatro medios: sabiduría o filosofía humanas, legalismo, misticismo y ascetismo. Los falsos maestros decían que la espiritualidad verdadera se encuentra en Cristo más la sabiduría humana —Cristo más guardar ciertos rituales, rutinas y leyes hechas por el hombre; Cristo más ciertas visiones, adoración de ángeles y ciertas experiencias profundas y superiores que eran extrañas, maravillosas y asombrosas; y Cristo más la humillación personal, la abnegación total y la esclavitud total de la persona a una vida de pobreza.

El fondo del problema es que tales mentiras son impotentes contra el deseo malo. No pueden dar victoria sobre la naturaleza caída y pecaminosa del hombre. Son moralmente impotentes. Bajo la filosofía humana, el legalismo, el misticismo y el ascetismo florecen todos los vicios. Y la única manera en la que usted puede divorciarse de ellos es llevar su mente, su corazón, sus pensamientos y sus motivos a la presencia de Jesucristo. Debido a que Cristo es todo, no se preocupe por todas esas falsas enseñanzas, solo concéntrese en Él —Él es todo lo que necesita—.

I. LA PERSPECTIVA DOCTRINAL

Pero observe algo importante —y vamos a tomar algo de tiempo para esclarecer esto porque trata indirectamente con el problema de la intimidación espiritual.

A. Validando el principio

Pablo siempre se mueve de la doctrina a la conducta. En todas sus epístolas del Nuevo Testamento primero encontramos grandes declaraciones de verdad seguidas por un llamado a vivir de acuerdo con esas verdades. Debido a que Cristo es "la plenitud de Aquel que todo lo llena en todo" (Ef. 1:23), debido a que Cristo es "la cabeza del cuerpo" (Col. 1:18), debido a que en Cristo "habita corporalmente toda la plenitud de la Deidad" (2:9), debido a que en Cristo estamos completos (v. 10) y puesto que Cristo es suficiente, enfóquese en Cristo. Bíblicamente, la exhortación práctica está basada primero en un cimiento doctrinal claro que explica por qué hacemos lo que hacemos. Esa siempre es la metodología de Pablo.

1. La respuesta a la doctrina

   Los creyentes debemos basar todo lo que hacemos sobre doctrina sólida y nada más. Ese es el punto de Pablo —no se deje intimidar a hacer algo que sabe que no es bíblico. Pablo escribió a los gálatas: "¿Cómo es posible que se vuelvan a enredar en el judaísmo y el legalismo cuando conocen el evangelio? Se han alejado de lo que saben que es verdad y eso es incongruente" (cp. Gá. 1:6–7). Su espiritualidad está basada en lo que sabe que es verdad —lo cual es doctrina sólida únicamente.

   Los que intimidan no se interesan en la doctrina. Ellos dicen: "Tú no eres verdaderamente espiritual si no haces esto o aquello". Nos hacen sentir culpables, aunque no tienen defensa bíblica para su posición. Es peligroso cuando un creyente sigue una creencia o conducta que contradice la Escritura. Hacer eso es jugar con fuego. No importa cuando alguien dice: "Estás afuera porque no has experimentado esto" o "no tienes el conocimiento superior de la vida más profunda". Lo único que importa es lo que la Palabra de Dios dice. Y Pablo ha dicho que todo lo que usted necesita es Cristo —¡y nada más! No se deje intimidar.

2. La realidad de la intimidación

   Los cuatro errores que los colosenses estaban enfrentando todavía son visibles en nuestra sociedad, solo se ven un poco diferentes.

   a. Filosofía

      Hay gente que dice: "Ustedes los cristianos no saben nada. Ustedes tienen una mentalidad muy cerrada. Lo que realmente necesitan hacer es entender algo de filosofía y sabiduría humanas para suplementar la Palabra de Dios". Algunas veces ser llamado un fundamentalista (un evangélico ortodoxo, muy estricto y cerrado) puede ser intimidante. He enfrentado esas acusaciones —de catalogar toda mi teología y ser un biblicista. Una vez hablé en el campus de una universidad y fui presentado como "John MacArthur, cuya esperanza está edificada en nada menos que las notas de Scofield y la Imprenta de la Escritura". He padecido el tipo de intimidación que hace que uno se sienta mentalmente inferior por creer en la Biblia y no saber todo acerca de la filosofía.

   b. Legalismo

      Después están aquellos que nos quieren intimidar con el legalismo. Muchos cristianos dicen: "No me importa lo que enseñes y no me importa que creas el evangelio; tú no predicas contra esto y no dices que la gente tiene que hacer aquello". Han desarrollado un sistema de espiritualidad basado en estándares legalistas. Tratan de intimidarlo por supuestamente no ser espiritual porque usted no sigue la lista.

c. Misticismo

Están los carismáticos que quieren intimidarlo por no haber tenido una visión, una experiencia extática, un encuentro con un ángel o un viaje de ida y vuelta al cielo —por solo ser un cristiano común y corriente; por no haber alcanzado el nivel de supersanto.

d. Ascetismo

Después están los ascetas que dicen: "No puedes ser dueño de ese vehículo, vivir en esa casa, usar ese abrigo, y todavía ser un cristiano". Dicen que la pobreza, la abnegación y la autohumillación son el cristianismo.

Podemos ser intimidados por las mismas cosas como lo fueron los colosenses. Y la única razón válida para tomar estos comentarios seriamente es si están señalando algo que es bíblico. Pero si una crítica no está basada en la Palabra, entonces simplemente continúe lo que está haciendo y no los escuche. El apóstol Pablo dice: "No se dejen intimidar. Cristo es todo lo que necesitan". Eso es lo que dice la Palabra de Dios —Él es todo; Él es suficiente—.

B. Violando el principio

Cuando usted viola el principio de que su respuesta debe basarse en la Palabra de Dios, usted se mete en muchos problemas. Algunas ilustraciones de eso:

1. Uza (2 S. 6:3–15)

El rey David deseaba mover el Arca del Pacto. Números 4:1–15 da instrucciones muy claras acerca de cómo debía hacerse. El arca era la representación de la presencia de Dios y nunca debía tocarse. Tenía anillos a los lados para meter varas y cargarla, y solo los levitas debían cargar esas varas sobre sus hombros. No había otra manera legítima de transportar el arca.

a. Adoración inaceptable

1) La transgresión de David

Segundo de Samuel 6:3 comienza: "Pusieron el arca de Dios sobre un carro nuevo". ¿Qué estaban haciendo al poner el arca sobre un carro nuevo cuando la Biblia dice que el arca debía ser cargada con varas sobre los hombros de los levitas para que no fuera tocada? David probablemente pensó que estaba honrando a Dios al poner el arca no en cualquier carro, sino en un carro nuevo. Pero esta fue una idea de los filisteos; en 1 Samuel 6, ellos habían capturado el arca, pero lo lamentaron rápidamente porque les trajo tumores y plagas. Entonces la devolvieron a los israelitas en un carro. David siguió el ejemplo de los filisteos.

El versículo 4 dice: "Y cuando lo llevaban de la casa de Abinadab, que estaba en el collado, con el arca de Dios, Ahío iba delante del arca". Todos pensaron que era un gran día; estaban regresando el arca a donde pertenecía. Versículo 5: "Y David y toda la casa de Israel danzaban delante de Jehová con toda clase de instrumentos… con arpas, salterios, panderos, flautas y címbalos". ¿No se agradó Dios con su adoración?

2) La transgresión de Uza

El versículo 6 dice: "Cuando llegaron a la era de Nacón, Uza extendió su mano al arca de Dios, y la sostuvo; porque los bueyes tropezaban". Conforme llegaron a la era de Nacón, el arca se movió y parecía que se iba a caer. Entonces Uza se estiró para proteger el arca. Uza estaba haciendo lo que su corazón le dijo que hiciera. Fue un acto de adoración y honor. Versículo 7: "Y se encendió la ira del Señor contra Uza, y Dios lo hirió allí por su irreverencia; y allí murió junto al arca de Dios" (NBLA). ¿Qué está pasando aquí? Su adoración no es válida a menos que siga la Palabra de Dios. La adoración de Israel era inaceptable para Dios.

Hay gente que dice: "¿Cómo puedes criticar a los pentecostales o a los carismáticos? Están adorando a Dios. Están tratando de amar y alabar a Dios. Seguramente Dios no permitiría que estén en el error". Usted puede hacerse la misma pregunta: ¿por qué Dios permitió que esa arca se moviera en la era de Nacón? Dios pudo haberla detenido; Él pudo haber aplanado el camino. Pero fue por esta lección para todos los tiempos: Dios es adorado solo cuando Su Palabra es obedecida. Cuando Uza tocó el arca, él desobedeció porque ninguna criatura, en ningún momento y bajo ninguna circunstancia, debía tocar el arca. Usted no improvisa su adoración. Usted no decide: "Voy a adorar a Dios de una manera totalmente nueva". Eso no es una manera de pensar que honre a Dios.

De hecho, Dios está enojado contra esa libertad. El furor de Dios se encendió y Uza cayó muerto. Él era un hombre apreciado tratando de hacer lo que era correcto. Pero si su mente hubiera sido gobernada por la Palabra de Dios, él podría haber detenido su mano y permanecido con vida. Es particularmente peligroso ser gobernado por sus sentimientos. No adore a Dios con sus sentimientos de manera independiente de Su Palabra.

Con frecuencia, aquellos que nos quieren intimidar dicen: "Estamos adorando y alabando a Dios; esta es solo nuestra manera de hacerlo". Usted no es Dios y Él le ha dicho la manera correcta.

b. Adoración aceptable

"Y se entristeció David por haber herido Jehová a Uza, y fue llamado aquel lugar Pérez-uza, hasta hoy. Y temiendo David a Jehová aquel día, dijo: ¿Cómo ha de venir a mí el arca de Jehová? De modo que David no quiso traer para sí el arca de Jehová... Y estuvo el arca de Jehová en casa de Obed-edom geteo tres meses; y bendijo Jehová a Obed-edom y a toda su casa" (vv. 8–11).

Luego: "David fue, y llevó con alegría el arca de Dios de casa de Obed-edom a la ciudad de David. Y cuando los que llevaban el arca de Dios [la trajeron de la manera correcta] habían andado seis pasos, él sacrificó un buey y un carnero engordado. Y David danzaba con toda su fuerza delante de Jehová; y estaba David vestido con un efod de lino" (vv. 12–14). David hizo a un lado todo su atuendo real para adorar a Dios. Verso 15: "Así David y toda la casa de Israel conducían el arca de Jehová con júbilo y sonido de trompeta".

Ahora bien, la misma situación ocurrió tanto en el versículo 5 como en el versículo 15. Pero uno fue aceptable y el otro no, porque uno se conformó a la verdad revelada de Dios y el otro no. Dios no quiere que las personas lo adoren según su propio método, Él quiere adoración que es consistente con Su revelación. Las personas dicen: "Estamos adorando a Dios. Nuestros corazones y motivos son correctos" —pero también lo eran los de Uza. Él simplemente no actuó conforme a la Palabra de Dios para protegerse a sí mismo de la disciplina de Dios. Dios es santo.

2. Saúl (1 S. 15:1–23)

   Aquí hay otra ilustración de una situación parecida.

   a. La comisión del Señor

      En 1 Samuel 15:1: "Samuel dijo a Saúl: Jehová me envió a que te ungiese por rey sobre su pueblo Israel; ahora, pues, está atento a las palabras de Jehová". Lo básico, para cualquiera, es escuchar las palabras del Señor. Ese es el criterio para la bendición. La narración continúa: "Así ha dicho Jehová de los ejércitos: Yo castigaré lo que hizo Amalec a Israel al oponérsele en el camino cuando subía de Egipto. Ve, pues, y hiere a Amalec, y destruye todo lo que tiene, y no te apiades de él; mata a hombres, mujeres, niños, y aun los de pecho, vacas, ovejas, camellos y asnos" (vv. 2–3).

b. La contienda de Saúl

El versículo 4 comienza: "Saúl, pues, convocó al pueblo y les pasó revista en Telaim, doscientos mil de a pie, y diez mil hombres de Judá. Y viniendo Saúl a la ciudad de Amalec, puso emboscada en el valle. Y dijo Saúl a los ceneos: Idos, apartaos y salid de entre los de Amalec, para que no os destruya juntamente con ellos; porque vosotros mostrasteis misericordia a todos los hijos de Israel, cuando subían de Egipto. Y se apartaron los ceneos de entre los hijos de Amalec. Y Saúl derrotó a los amalecitas [de frontera a frontera]... Y tomó vivo a Agag rey de Amalec" (vv. 4–8). ¿Vio usted la transgresión de Saúl? Dios dijo: "Destruye a todos", pero Saúl mantuvo vivo a Agag. ¿Por qué? Fue un acto de soberbia —él quería arrastrar al rey derrotado en la ciudad y presumir su victoria. Así que Saúl "a todo el pueblo mató a filo de espada. Y Saúl y el pueblo perdonaron a Agag" (vv. 8–9). ¿Por qué? Quizás para tener al rey conquistado y que pudieran jactarse de él. El versículo 9 continúa: "Perdonaron a Agag, y a lo mejor de las ovejas y del ganado mayor, de los animales engordados, de los carneros y de todo lo bueno, y no lo quisieron destruir; mas todo lo que era vil y despreciable destruyeron". Dios le dijo a Saúl qué hacer —pero Saúl hizo lo que quiso.

Versículo 10: "Y vino palabra de Jehová a Samuel, diciendo: Me pesa [Me entristece] haber puesto por rey a Saúl, porque se ha vuelto de en pos de mí, y no ha cumplido mis palabras. Y se apesadumbró Samuel, y clamó a Jehová toda aquella noche" (vv. 10–11). Samuel lloró por el rey que no obedeció la Palabra de Dios.

c. La confrontación de Samuel

Versículo 12: "Madrugó luego Samuel para ir a encontrar a Saúl por la mañana; y fue dado aviso a Samuel, diciendo: Saúl ha venido a Carmel, y he aquí se levantó un monumento, y dio la vuelta, y pasó adelante y descendió a Gilgal. Vino, pues, Samuel a Saúl, y Saúl le dijo: Bendito seas tú de Jehová; yo he cumplido la palabra de Jehová. Samuel entonces dijo: ¿Pues qué balido de ovejas y bramido de vacas es este que yo oigo con mis oídos? Y Saúl respondió: De Amalec los han traído; porque el pueblo perdonó lo mejor de las ovejas y de las vacas, para sacrificarlas a

Jehová tu Dios" (vv. 12–15). ¿Cómo puede usted rechazar este tipo de motivo? Saúl iba a adorar a Dios. Saúl tenía una mejor idea que Dios: por qué simplemente matarlos a todos; podemos sacrificarlos a Dios.

"Entonces dijo Samuel a Saúl: Déjame declararte lo que Jehová me ha dicho esta noche. Y él le respondió: Di. Y dijo Samuel: Aunque eras pequeño en tus propios ojos, ¿no has sido hecho jefe de las tribus de Israel, y Jehová te ha ungido por rey sobre Israel?" (vv. 16–17). En otras palabras: "¿Acaso el Señor no te hizo lo que eres cuando no eras nadie?". La implicación: ¿Quién te dio el derecho de usurpar la autoridad del Dios que te hizo lo que eres? Versículo 18: "Y Jehová te envió en misión y dijo: Ve, destruye a los pecadores de Amalec, y hazles guerra hasta que los acabes. ¿Por qué, pues, no has oído la voz de Jehová, sino que vuelto al botín has hecho lo malo ante los ojos de Jehová? Y Saúl respondió a Samuel: Antes bien he obedecido la voz de Jehová, y fui a la misión que Jehová me envió, y he traído a Agag rey de Amalec, y he destruido a los amalecitas. Mas el pueblo tomó del botín ovejas y vacas, las primicias del anatema" (vv. 18–21). Ahora que esa idea no es tan buena, Saúl culpa al pueblo.

La respuesta está en el versículo 22: "Y Samuel dijo: ¿Se complace Jehová tanto en los holocaustos y víctimas, como en que se obedezca a las palabras de Jehová? Ciertamente el obedecer es mejor que los sacrificios, y el prestar atención que la grosura de los carneros". Usted no puede desobedecer la Palabra de Dios e inventar un sistema de adoración propio e independiente.

No se deje intimidar por personas que dicen: "Tenemos una experiencia de adoración que no es como la tuya. Pasan cosas maravillosas. Nos acercamos y el Señor se nos aparece. Todo tipo de cosas místicas ocurren". A lo cual usted responde: "No las puedo encontrar en la Biblia". La Biblia dice que Dios no acepta la adoración inventada por uno mismo; Él demanda obediencia. Rebelarse es "como pecado de adivinación [o brujería]" (v. 23). Desobedecer la Palabra de Dios, incluso al no tenerla en cuenta, es parecido a jugar con el ocultismo. Las personas que dicen tener todas esas experiencias de adoración que no pueden ser defendidas bíblicamente pueden ser sinceras y tener buenas intenciones, como Uza y Saúl, pero siguen estando equivocadas. La respuesta de Samuel a Saúl fue: "Ya no serás rey. Todo ha terminado para ti" (cp. v. 23).

3. El profeta (1 R. 12:29–13:26)

   Otra ilustración y una historia fascinante: después del reinado de Salomón, el reino de Israel se dividió en dos: Jeroboam I gobernó el reino del norte de diez tribus y Roboam gobernó el reino del sur de dos tribus. El pecado de Salomón catalizó la división del reino.

   a. La obediencia del profeta

      1) El pecado de Israel

         Cuando Jeroboam tomó las diez tribus y estableció el reino en el norte, él tenía miedo de que la gente del norte no permanecería leal a él. Si siempre iban al sur para adorar en el Templo, sus raíces permanecerían en el sur. Entonces él decidió construir dos lugares en el norte para la adoración. Primero de Reyes 12:29 dice: "Y puso uno en Bet-el, y el otro en Dan". El problema con eso era que Dios no quería que la adoración se llevara a cabo en Bet-el y Dan, sino en el Templo de Jerusalén. "Y esto fue causa de pecado; porque el pueblo iba a adorar delante de uno hasta Dan. Hizo también casas sobre los lugares altos, e hizo sacerdotes de entre el pueblo, que no eran de los hijos de Leví" (vv. 30–31). Jeroboam escogió unas cuantas personas y las hizo sacerdotes.

Pero él no tenía licencia para hacer eso; los sacerdotes debían venir solo de la tribu de Leví. La adoración debía llevarse a cabo en Jerusalén y no debía ser improvisada. Usted no puede decir: "Tenemos una gran idea. Haremos lo que queremos". Si no es bíblico, entonces no lo haga. El versículo 32 dice: "Así hizo en Bet-el, ofreciendo sacrificios a los becerros". Jeroboam hizo que sus sacerdotes ilegítimos hicieran todas las ceremonias judías, solo en Bet-el y Dan. No tenían por qué hacerlas allá.

2) El envío del profeta

Dios envió Su mensajero para enderezar la situación (1 R. 13:1). Este hombre de Dios era un profeta y un predicador. Por "palabra de Jehová vino de Judá [en el norte] a Bet-el" —aparentemente no había un profeta en el norte que pudiera ser usado por Dios— y llegó cuando Jeroboam estaba quemando su sacrificio en el altar. Este fue un joven valiente; el versículo 2 dice: "Aquél clamó contra el altar por palabra de Jehová y dijo: Altar, altar, así ha dicho Jehová: He aquí que a la casa de David nacerá un hijo llamado Josías, el cual sacrificará sobre ti a los sacerdotes de los lugares altos que queman sobre ti incienso, y sobre ti quemarán huesos de hombres". La máxima profanación para un judío era tocar un cuerpo muerto. Quemar los huesos de una persona muerta sobre un altar era profanar y contaminar ese altar permanentemente. Este hombre de Dios le dijo a Jeroboam: "Tus altares están acabados. Dentro de trescientos años vendrá un hombre llamado Josías, quien desenterrará huesos humanos de muertos y los quemará sobre tu altar" (cp. 2 R. 23).

Solo para asegurarse de que Jeroboam no pensara que el profeta estaba bromeando, el versículo 3 dice: "Y aquel mismo día dio una señal, diciendo: Esta es la señal de que Jehová ha hablado: he aquí que el altar se quebrará, y la ceniza que sobre él está se derramará. Cuando el rey Jeroboam oyó la palabra del varón de Dios, que había clamado contra el altar de Bet-el, extendiendo su mano desde el altar, dijo: ¡Prendedle! Mas la mano que había extendido contra él, se le secó, y no la pudo enderezar. Y el altar se rompió, y se derramó la ceniza del altar, conforme a la señal que el varón de Dios había dado por palabra de Jehová" (vv. 3–5). Dios dice: "Tú no inventas tu propia adoración; tú obedeces Mi prescripción".

Versículo 6: "Entonces respondiendo el rey, dijo al varón de Dios: Te pido que ruegues ante la presencia de Jehová tu Dios, y ores por mí, para que mi mano me sea restaurada. Y el varón de Dios oró a Jehová, y la mano del rey se le restauró, y quedó como era antes. Y el rey dijo al varón de Dios: Ven conmigo a casa, y comerás, y yo te daré un presente. Pero el varón de Dios dijo al rey: Aunque me dieras la mitad de tu casa, no iría contigo, ni comería pan ni bebería agua en este lugar. Porque así me está ordenado por palabra de Jehová, diciendo: No comas pan, ni bebas agua, ni regreses por el camino que fueres" (vv. 6–9). Él dice: "Tengo un compromiso en mi vida —obedecer la Palabra de Dios". El versículo 10 dice: "Regresó, pues, por otro camino, y no volvió por el camino por donde había venido a Bet-el".

Era un honor ser invitado a comer con el rey. Este profeta podía haber sido considerado un héroe. Él pudo haber pensado: "El rey ha oído y parece haberse arrepentido. Si voy con él, voy a ceder un poco en la Palabra de Dios y testificar al rey". Pero en lugar de eso él dice: "No estoy interesado en hacer algo contigo. Dios me dijo que no me metiera contigo, solo que saliera de aquí por un camino diferente al que vine". Este hombre estaba en lo correcto.

b. La desobediencia del profeta

1) La ignorancia intimidante

Al estar en camino se encontró con otro predicador. Ese es un problema para mucha gente —eso puede ser muy intimidante. Nosotros, los que somos predicadores, podemos ser intimidados por otros predicadores. El versículo 11 dice: "Moraba entonces en Bet-el un viejo profeta, al cual vino su hijo y le contó todo lo que el varón de Dios había hecho aquel día en Bet-el". Este viejo profeta también era un profeta verdadero. Él debió haber pensado: "Qué joven tan valiente. ¿Por qué no tuve yo la valentía de hacer eso? Me gustaría conocer y tener comunión con ese joven de Dios". El versículo 14 dice: "Y yendo tras el varón de Dios, le halló sentado debajo de una encina, y le dijo: ¿Eres tú el varón de Dios que vino de Judá? Él dijo: Yo soy. Entonces le dijo: Ven conmigo a casa, y come pan. Mas él respondió: No podré volver contigo, ni iré contigo, ni tampoco comeré pan ni beberé agua contigo en este lugar" (vv. 14–16). Parece un disco rayado; esa es la misma respuesta que dio antes. Usted podría decir: "Pero debemos tener comunión con todos". Pero Dios le había dado un encargo. Dios no quería que él creara su propio ministerio, Dios quería que obedeciera el que Él le dio. Y eso fue suficiente para el joven profeta —el versículo 17 dice: "Porque por palabra de Dios me ha sido dicho".

Ahora observe cómo él es intimidado. Versículo 18, el viejo profeta le dijo: "Yo también soy profeta como tú, y un ángel me ha hablado por palabra de Jehová, diciendo: Tráele contigo a tu casa, para que coma pan y beba agua". ¡Qué intimidante! "Un ángel vino a mí y me dijo que debes hacerlo". Alguien podría decirle: "Sé que la Biblia no habla de eso, pero yo tuve una visión. Recibí una palabra directa del Señor. Un ángel vino a mí". Solo recuerde Gálatas 1:8: "Mas si aun nosotros, o un ángel del cielo, os anunciare otro evangelio diferente del que os hemos anunciado, sea anatema". Ese es el diablo disfrazado de ángel de luz. El joven profeta ahora está en el dilema de aceptar la palabra de Dios conocida y revelada, o creer que Dios está hablando mediante la experiencia de alguien más.

2) El conocimiento condenado

¿Qué hizo él? Versículo 19: "Entonces volvió con él, y comió pan en su casa, y bebió agua". Él actuó en violación directa de la palabra de Dios porque él fue intimidado por un viejo profeta que también era un predicador. El joven profeta abandonó lo que él sabía que era la verdad de Dios y prefirió la experiencia. Eso es exactamente lo que está pasando en la actualidad. Las personas se están desviando de la clara Palabra de Dios. Están aceptando la visión y la experiencia de otros como válidas.

Los versículos 23–24 muestran lo que le sucedió al joven profeta: "Cuando había comido pan y bebido, el que le había hecho volver le ensilló el asno. Y yéndose, le topó un león en el camino, y le mató". Dios mandó un león para matar al joven profeta. ¿Por qué? El versículo 24 continúa: "Y su cuerpo estaba echado en el camino, y el asno junto a él, y el león también junto al cuerpo". El león no se comió el cuerpo ni atacó al asno. Dios incluyó esos detalles para que supiéramos que no fue un caso de un león hambriento, sino un acto divino de juicio.

Dios le quitó la vida a ese profeta así de rápido por colocar la experiencia de alguien más, por encima de lo que él sabía que era la Palabra de Dios. Usted no debe inventar sus propias actividades de adoración o su

> propia religión autodenominada, y no debe tomar la experiencia de alguien más como la autoridad si viola lo que usted sabe que es la revelación de Dios. Las personas pueden decir: "Yo he tenido esta experiencia", y lo único que usted tiene que decir es: "Pero yo tengo la Palabra de Dios". No se deje intimidar por personas que dicen que usted está perdiéndose de algunas experiencias cuando la Biblia le dice claramente que tales cosas no son para hoy.
>
> ¿Cómo sucumbió el joven profeta a esa tentación? El versículo 26 dice: "Oyéndolo el profeta que le había hecho volver del camino, dijo: El varón de Dios es, que fue rebelde al mandato de Jehová; por tanto, Jehová le ha entregado al león, que le ha quebrantado y matado". El punto no es que el viejo profeta no fuera culpable por su incitación, sino que el joven profeta, que conocía la verdad y le dio la espalda, inmediatamente mereció la muerte.

Cristiano, permanezca en la Palabra de Dios. Obedecer es mejor que su propio sacrificio autodenominado o una religión hecha por usted mismo. Buscamos obedecer, no experiencias espectaculares. Ya hemos experimentado el cambio más radical posible —hemos entrado en la vida nueva. Todo lo que necesitamos ya es nuestro.

II. LA PREOCUPACIÓN DOCTRINAL

¿Qué le está diciendo Pablo a los colosenses? No sean intimidados. Acepten lo que la Palabra dice que es de ustedes —que en Cristo lo tienen todo. En Filipenses 4:19, Pablo dice: "Mi Dios, pues, suplirá todo lo que os falta conforme a sus riquezas en gloria en Cristo Jesús". Por Cristo Jesús, todas las riquezas de Dios son suyas. Usted está completo en Él.

A. La realidad

¿Qué es la espiritualidad verdadera? Es solo concentrarse en Cristo (Col. 3:1). La preocupación del cristiano es Cristo. Enfóquese en Él y no deje que nadie lo intimide con experiencias, reglas o religión autodenominada. La verdadera espiritualidad es un llamado a ver y obedecer a Cristo.

Un cristiano no necesita vivir en la filosofía humana; volverse un legalista siguiendo una lista de reglas; ser un místico, pasar su tiempo en contemplación hasta que algo extático ocurre. Un cristiano no necesita ser un asceta. Segunda de Corintios 3:18 dice: "Por tanto, nosotros todos, mirando a cara descubierta como en un espejo la gloria del Señor, somos transformados de gloria en gloria en la misma imagen, como por el Espíritu del Señor". Como creyente usted tiene una preocupación: Cristo. Esa es la única contemplación que un cristiano necesita. Conforme usted se enfoca en Cristo y se pierde en Su gloria, el Espíritu de

Dios comienza a transformarlo a Su imagen, de un nivel de gloria al siguiente. Ese es el verdadero crecimiento, la verdadera madurez y la verdadera espiritualidad.

B. El recurso

¿Cómo se enfoca usted en Cristo? Usted tiene que quitar su mente del mundo y ponerla en las cosas de arriba. Colosenses 3:16 le dice cómo: "La palabra de Cristo more en abundancia en vosotros". Cuanto más estudie la Palabra, más saturado estará de la Palabra y más la Palabra controlará sus pensamientos, y cuanto más la Palabra domine sus pensamientos —más estará Cristo en su mente. Si los cristianos realmente estuvieran saturados de la Palabra de Dios y la conocieran, en momentos de ataque emocional, se detendrían y harían lo que saben que la Biblia enseña que hagan, no lo que sus emociones les impulsan a hacer por motivos aparentemente buenos. Que la Palabra de Cristo habite en usted.

C. El resultado

Conforme usted estudia y lee la Biblia, dejando que sature su vida, Cristo permanece en su mente consciente, lo cual coloca su mente en los lugares celestiales. En Efesios 1:3 Pablo dijo que somos bendecidos "con toda bendición espiritual en los lugares celestiales en Cristo". Algunos cristianos dicen: "No sé en dónde están todas las bendiciones".

Usted está dando vueltas en el lodo. Usted necesita poner su mente en el cielo y dejarla allí. Una vez que realmente ha hecho el compromiso de pensar y concentrarse en Jesucristo, de depositar sus pensamientos en Él como el centro de su vida, entonces verá que suceden cosas en su vida que nunca antes vio.

1. La concentración correcta

   La teoría ptolemaica decía que el centro del sistema solar era la tierra y que todo giraba a su alrededor. Esa teoría duró mil trescientos años. Finalmente, Copérnico dijo que el sol era el centro de nuestro sistema solar y que todo giraba a su alrededor. ¿Alrededor de qué gira usted —de la tierra o del Sol de justicia? ¿En dónde está su enfoque? ¿Cuáles son las tres cosas que usted más ama, en las que más piensa y más desea? Lo único que necesita es a Cristo, y enfocarse y concentrarse en Él. Eso es todo. Él es suficiente. No se deje intimidar por la religión del hombre. Cristo es todo lo que necesita —y lo tiene a Él por completo—.

2. El compromiso correcto

   Una vez que usted es salvo, no hay una segunda gran obra que repentinamente le da este enfoque. Pero hay un compromiso a vivir en los lugares celestiales y decir: "Estoy cansado de revolcarme en el lodo. Quiero subir allá donde pertenezco y disfrutar de algunas de las bendiciones que son para mí".

3. La experiencia correcta

   Es trágico ver a tantos cristianos atrapados en el mundo y tratando de alcanzar alguna de las definiciones del mundo de una experiencia religiosa, con el fin de ser felices. Dios los hizo para concentrarse en Jesucristo, para contemplarlo mientras son transformados a Su imagen de un nivel de gloria al siguiente. Entonces comenzarán a experimentar lo que Dios quiere decir cuando Él afirma que ha bendecido a los creyentes "con toda bendición espiritual en los lugares celestiales en Cristo" (Ef. 1:3).

ENFOCÁNDOSE EN LOS HECHOS

1. ¿Cuál es una buena manera de determinar el verdadero carácter de una persona?

2. ¿Cuál debe ser la preocupación de todo cristiano?

3. En todas sus epístolas, ¿con qué tema trata Pablo primero? ¿Con qué tema trata después? ¿Por qué sigue ese orden en particular?

4. ¿Qué tipo de adoración desea Dios? ¿Por qué Dios no aceptó la adoración de David la primera vez? ¿Por qué Dios aceptó la adoración de David la segunda vez?

5. Según Samuel, ¿qué quiere Dios más que sacrificios? ¿Qué le pasó finalmente a Saúl?

6. ¿Por qué el joven profeta no se fue con Jeroboam? ¿Por qué se fue con el viejo profeta? ¿Qué pasó con su compromiso?

7. ¿Qué es la espiritualidad verdadera? ¿Cómo nos da esa definición 2 Corintios 3:18?

8. ¿Qué debe hacer todo cristiano para concentrarse en Cristo?

9. ¿Qué pasa cuando la Palabra de Dios satura su vida?

PONDERANDO LOS PRINCIPIOS

1. ¿Cómo adora usted a Dios —basado primordialmente en sentimientos o basado primordialmente en la verdad de la Palabra de Dios? Lea Juan 4:23; ¿cómo debemos adorar a Dios? ¿Cuáles son dos elementos necesarios para la adoración? Busque Salmos 51:15–17; 57:7–11; 108:1–3; 139:23–24; Mateo 15:7–9. Según esos versículos, ¿qué significa adorar en espíritu? Busque el Salmo 47:7; Romanos 1:18–19, 25; 2 Corintios 4:2; Colosenses 3:16–17; 1 Timoteo 4:13. ¿Qué significa adorar en verdad? ¿Por qué no puede separar ambas cosas? ¿Qué cambios necesita hacer en su adoración a Dios? Recuerde a Uza (2 S. 6:6–7). Comprométase con asegurarse de que toda su adoración está basada en la verdad de la Palabra de Dios.

2. Lea Colosenses 3:16. ¿La palabra de Cristo mora en abundancia en usted? ¿Qué palabra describe mejor su estudio de la Biblia? ¿Con qué frecuencia estudia la Biblia cada día? ¿Con qué frecuencia la estudia cada semana? ¿Las verdades de la Palabra de Dios gobiernan su vida o vive siguiendo los muchos pensamientos del mundo? Ponga su mente en los lugares celestiales —comprométase a estudiar la Biblia y hágalo hoy. Conforme estudia, medite en las verdades que Dios le muestra. Pídale que le ayude a aplicar de la mejor manera lo que ha aprendido. Y lo más importante, busque a Dios en Su Palabra: Él

está en cada página. Él le ha dado Su Palabra porque quiere que usted lo conozca mejor.

3. ¿Cuáles son las tres cosas que más busca en la actualidad? ¿Cuáles son las tres cosas que usted más ama? ¿Cuáles son las tres cosas en las que usted más piensa? En base a sus respuestas, ¿cuál es su preocupación: Dios o usted mismo? ¿Cuál *debería* ser? Si su preocupación es usted, ¿por qué? Si su preocupación ha sido usted, comprométase hoy a concentrarse en Cristo. Lea Filipenses 3:8–14. ¿Cuál fue la meta de la vida de Pablo? Haga que esa sea su meta hoy.

John MacArthur guía al lector por cuatro disciplinas esenciales de la vida cristiana. Hay una razón por la que los soldados van al campo de entrenamiento antes de entrar en combate. Entrenarse en lo básico ayuda a refinar sus habilidades para permanecer en la lucha. Esta guía de estudio lleva al lector a través de un curso de cuatro partes sobre las disciplinas cristianas necesarias para el crecimiento espiritual. En esta serie descubrirá pautas prácticas para estudiar la Biblia, comunicar el evangelio a otros, orar más eficazmente y usar sus dones espirituales.

Es imposible tener una escatología completa o verdadera sin tomar en cuenta la profecía de Zacarías. Su mensaje, escrito para consolar a Israel después del regreso del remanente de Babilonia, garantizaba a los israelitas que el Señor no había abandonado a su pueblo.

Fundamentados en una exégesis profunda de los idiomas originales, todos los comentarios de esta serie presentan el significado y la teología del texto bíblico con precisión, exactitud y claridad, palabra por palabra, y de forma expositiva. Si bien están diseñados para asistir al predicador, cualquier creyente puede leer y aplicar el contenido para su edificación, bendición y gozo personales.